JN273733

地域づくり叢書
1

日常空間を活かした
観光まちづくり

戸所　隆

古今書院

はじめに

　第二次世界大戦によって廃墟と化した日本は，国民の不断の努力によって，驚異的な勢いをもって戦後復興を成し遂げた。また，物質的な生活の豊かさを求めて努力した結果として，高度経済成長を達成し，世界に冠たる経済大国になった。経済の安定成長期を迎えても国民の飽くなき物質的経済活動は続き，結果として貿易摩擦を惹起することになる。そうした流れの中で内需拡大の必要性が叫ばれ，物質中心から精神文化へのシフトも強調されるようになった。すなわち，国民の消費支出も物質的豊かさを実現する方向から精神的な豊かさを実現する方向への転換が求められたのである。

　時を同じくして，日本は明治時代の産業革命以来続いてきた工業化社会から，情報革命に基づく知識情報化社会への転換期を迎えた。それは世界がボーダレス化し，あらゆる側面で交流を深めることを意味する。こうした時代に対応するには，教育の充実と精神文化を高める観光が重要となる。それは，1980年代後半以降の教育改革の進展やリゾート法の制定などによって知られる。しかし，その運用形態は従前の日本人の特性というべきか，新規開発のテーマパークや大規模リゾート施設の建設であった。そうした流れはバブル経済の崩壊で大きなダメージを受けた。また，明治初年に約3,500万人であった日本の人口は2006年の1億2,779万人をピークに減少を始めた。高齢化の進展も著しい。こうした中ではもはや従来型の成長モデルでは立ち行かない。

　観光に関しても同様で，テーマパークやゴルフ場などを核としたリゾート開発や団体型観光地では経営が成り立たなくなっている。そうした変化やその要因については本書で明らかにするが，こうした時代におけるこれからの観光は"生活者にとって日常空間＝訪問者にとって非日常空間"を重視すべきと考える。また，世界がボーダレス化し情報が飛び交う時代にあっては，他の地域の模倣では訪問者を満足させられない。その地域特有の自然・人文環境から創造された地域資源を活かしたまちづくりこそが，これからの観光資源であり，ま

ちづくりのあり方と考えている。それは一言でいえば，"市民参加による創造型地域政策としての観光まちづくり"である。

　以上は次の例で理解していただけよう。私たちが外国を観光旅行するとき，旅行の目玉は依然として世界遺産のようなものである。しかし，現実に外国へ行ったとき，その多くの時間を費すのは拠点となる都市であり，そこで展開される現地の人々の日常生活に強い印象を受ける。それは現地の人々にとっては日常性であっても，訪問者である私たちにとっては非日常性であるから，興味深いものを感じるのである。その際，その街に好印象を持つか否かは，その街が地域資源をうまく活用した街づくりをしているか否かによることが大きい。

　こうして観てくると，これからの観光開発においては，目玉となる特殊な観光資源の開発が依然重要であるとしても，それだけでは観光は機能しない。むしろ，日常的な地域資源を活かしたまちづくりをしっかりと行うことが重要と考える。本書ではこうした視点から，これからのまちづくり方策に重点を置いた観光まちづくりを論じてみたい。本書のタイトル『日常空間を活かした観光まちづくり』は，市民が知恵を出しながら自分たちの生活を大切にしたまちづくりを行うことが，結果として観光まちづくりになることを意味している。

　本書で取り上げた地域は，すべて著者が地域づくりに関わった地域である。著者が地域政策を実践する中で考えた観光まちづくり論である。それだけに，お名前を記することができないほど多くの方々にご協力いただいた結果の観光まちづくり論である。お世話になった方々に厚く御礼申し上げたい。

　なお，本書は4年前にほぼ完成させていたが，日常業務に追われ，仕上げることができないでいた。今夏，永年の懸案であった腰椎の手術をすることになり，1カ月ほど日常業務を離れ入院生活をする機会を得た。そこで，再度原稿を見直し，新たな構成で上梓したものである。そのため，事例等がやや古くなったが，考え方はこの間の変化をみても適応でき，むしろ自信をもって提示できたと考えている。

　本書がこれからの観光まちづくりに役立つことを祈念する。

　　　2009年8月　榛名山中の病院にて

　　　　　　　　　　　　　　　　　　　　　　　　　　　　戸所　　隆

目　　次

はじめに　i

第Ⅰ部　日常空間としての観光まちづくり

第1章　住み続けたい地域づくりこそ観光まちづくり政策 ……… 1
　　1．物の輸出入から人々の交流を重視する社会への変化　　1
　　2．リゾート法の制定と観光まちづくり　　3
　　3．経済不況に強い観光まちづくりの必要性　　5
　　4．大規模観光開発から地域資源を活かした観光地域づくりへ　　7
　　5．市町村合併後の新たな観光戦略　　7
　　6．地域リーダーとしての町衆による地域ブランドづくり　　10
　　7．情報革命による時代の大転換への対応　　11
　　8．時代の変化と地域資源を活かした観光まちづくり　　14
　　9．観光の意義と問題の所在　　17

第2章　時代の変革期における観光・都市政策の方向性 ……… 20
　　1．これからの都市づくりの基本方向　　20
　　　1）知識主導型社会を構築するための観光まちづくり
　　　2）情報化時代の都市形成－大都市化と分都市化のまちづくり－
　　2．戦術論ではなく戦略的シナリオを必要とする変革期の地域政策　　26
　　3．知恵の時代における戦略的観光政策　　29
　　　1）日常の「暮らしぶり」や「生活空間」が観光資源
　　　2）「健康」と「教養」に資する地域ブランドへの指向

4．土地利用・景観形成制度の導入と地域づくり組織の設立　30
　　　1）土地利用規制の枠組みづくり
　　　2）地域整備に役立つ共同体の構築
　　　3）個人投資を喚起する仕組みづくり
　　　4）国の責任で行うべき国土全体に関わる社会基盤整備
　　5．地域資源を活用した観光地・地域づくりに関する先進事例　33
　　　1）歴史を活かした川越のまちづくり
　　　2）地域住民を豊かにした潤いのある小布施のまちづくり
　　6．観光政策・観光研究の新たな展望　41

第3章　高速交通環境の整備に伴う観光地域政策のあり方 …… 47

　　1．交通の発達による都市形成と観光地域政策の問題点　47
　　　1）交通の発達と都市形成
　　　2）公共交通の衰退と再編成の必要
　　　3）交通環境の変化に合わせた観光地域政策の必要性
　　2．高速交通環境整備に伴う地域政策の転換とその方向性　54
　　　1）地域間競争に役立つ高速交通政策の必要性
　　　2）国際標準に基づく都市づくり・高速交通環境整備
　　3．高速交通環境に対応した地域構造構築の必要性　59
　　　1）受動的に高速交通網を受け入れた利根沼田地域の混乱
　　　2）積極的に高速交通網を活用した佐久地域の急成長
　　　3）広域交流玄関口としての新幹線駅勢圏の再構築

第Ⅱ部　文化を創造する観光まちづくり

第4章　土地利用・景観制度の必要性 ……………………… 71

　　1．経済（資本）の論理から地域の論理への転換　71

1）地理的慣性と歴史的慣性を活かす
　　2）貴重な観光資源を破壊する無秩序な土地利用・景観
　2．嬬恋村での土地利用・景観制度導入政策の試み　75
　　1）浅間高原での超高層ビル建設を阻止した嬬恋村
　　2）共生をキーワードに雄大な自然と美しい農村風景を活かした地域づくり
　　3）分都市型モザイク構造の地域構造
　　4）貴重な資源を破壊する土地利用の乱れ
　3．産業を活性化させ生活を豊かにする土地利用・景観規制　87
　　1）交流の時代に対応した意識改革の必要
　　2）地域性を活かした土地利用政策のあり方・制度導入の方向性

第5章　東京型・京都型まちづくりを活かした第三のまちづくり … 91

　1．地域論の相剋から発した東京型・京都型まちづくり手法　91
　　1）価値観の変化による新たな地域論の構築
　　2）画一性からの脱却
　　3）積み重ねが可能な都市開発手法を
　　4）生涯学習社会と新産業と観光業の育成
　2．観光資源としての京都型まちづくり　96
　　1）外からみる内なる都市
　　2）歴史の漂うまちの構造
　　3）横に連続した京の職・住空間
　　4）「文化首都」としての空間
　3．歴史都市京都の特性と新たな空間創造－京都型まちづくりへの条件－　101
　　1）全国有数の近代工業都市
　　2）企業家精神旺盛な空間
　　3）京風住工混在地域の創生
　　4）京都型都市開発に英知を集める
　4．二つの異質な地域を活かした観光まちづくりへの提案　105
　　1）大都市化分都市化型都市構造の偉大なるモザイク都市・東京

2）イメージづくりに成功した倉敷市のまちづくり
　　3）天井川を活かした草津市のまちづくり
　　4）河岸段丘を活かすべき沼田市のまちづくり

第6章　芸術・文化を活かした観光まちづくり ………………… 113

　1．美しいまちと人間性豊かな人々を生み出す芸術・文化活動　113
　2．知識情報化社会のまちづくりに欠かせない地域性豊かな美意識　115
　3．芸術・文化の地域ブランド化と都市再生・観光まちづくり　117
　4．まちづくりからみた「見る芸術」　119
　　1）誰もが芸術鑑賞を楽しめる環境整備
　　2）情報収集力・集客力・コーディネート力を持つ人材の確保
　　3）「見る芸術」の地域活性化・観光まちづくりへの波及効果
　　4）教育とまちづくりの連携した芸術環境の創造
　5．「創る芸術・する芸術」とまちづくり　123
　　1）特定芸術の振興と地域活性化への活用
　　2）特定芸術の拠点にするシステムづくり
　　3）広範な市民によるサポート・システムの構築
　6．国民の文化意識と地方都市における文化芸術振興政策の実態　127
　　1）文化投資に積極的な国民意識
　　2）伝統芸能に関する国民意識
　7．芸術・文化創造のできる都市基盤と都市環境の整備　130
　　1）まちづくりに芸術・文化は不可欠
　　2）文化・芸術は人を基本とし人の集積・交流が重要
　　3）交流しやすい基盤整備
　　4）芸術・文化を創造する積み重ね型都市
　　5）評価システムの確立
　8．『地域芸術文化基本計画』策定の必要性　134

第Ⅲ部　観光まちづくりとしての再生戦略

第7章　地域資源を活かした観光まちづくり中心街再生戦略 …… 137
―前橋のメディカル・ツーリズムを例に―

1．ビジター産業創生による交流人口の増加　137
2．日常性と地域資源を活かした都市観光　138
3．都市観光による中心市街地活性化のための条件　139
　1）都市観光に不可欠な居住者満足と誇り
　2）まちづくりの基本・必要条件
　3）人々の住みたい・行きたいと思う街
　4）都市観光活性化への整備条件
4．まえばし健康医療都市構想　142
　1）住んだら離れがたい美しい街
　2）治療・健診・予防・健康増進を融合した街づくり
　3）健康医療都市構想の中核・重粒子線照射施設
　4）まちなかキャンパス構想の推進
5．メディカル・ツーリズムによる活性化政策　146
　1）メディカル・ツーリズムの推進
　2）「TONTONのまち，まえばし」の取組み
6．前橋における健康医療都市観光の課題とあり方　150

第8章　地域資源を活かす観光まちづくり政策提言 …… 153
―高崎中心街を例に―

1．地域資源としての交通拠点性　153
　1）国土幹線の結節都市高崎における交通問題
　2）必要な群馬県央100万都市圏玄関口の政策視点
2．個性豊かな地区から成る中心商業地　157

1）古くから都市観光的要素を持つ城下町高崎の中心商業地
　　　2）中心商業地における個性豊かな多様な地区
　3．新旧中心商業地特性を活かした観光まちづくり戦略　　164
　　　1）高崎駅前と市役所21階展望室を観光案内拠点に
　　　2）新旧商業地の特性を活かした都市観光
　4．高崎中心街都市観光戦略への提言　　167

おわりに　171
索　引　175

第Ⅰ部　日常空間としての観光まちづくり

第1章
住み続けたい地域づくりこそ観光まちづくり政策

1．物の輸出入から人々の交流を重視する社会への変化

　日本は明治維新以来，産業革命を早期に達成するとともに，欧米先進国の支配から脱し，欧米先進国に追いつき追い越すことを目標に，不断の努力を続けてきた。その具体的目標は，中央集権体制によって，自立した工業化社会としての近代国家を建設することであった。それは国民の努力によって，概ね1980年代中頃までに達成され，日本は経済大国としての地位を得ることができた。

　その結果は，1980年代からの急速な円高と大幅な輸出超過に現れている。しかし他方で，諸外国との貿易摩擦が顕在化し，この間，日米構造協議をはじめ，多くの経済摩擦への対応を迫られ，腐心してきた。だが振り返ってみると，貿易外収支（サービス収支＋所得収支）では，所得収支は黒字であるものの，旅行・輸送支払いなどからなるサービス収支は赤字である。

　たとえば2000年現在，日本人の海外旅行者1,782万人に対して，日本に訪れる外国人旅行者は476万人に過ぎなかった[1]。多くの日本人が海外の見聞を広めることは，世界のリーダーとして行動する際にも，地域文化を新たに創造する上でも有効になる。しかし，訪日外国人数が少ないことは，国際社会で日本の理解者を得る際にマイナスである。こうした外国人の訪問の少なさが，外国人の日本に対する理解を妨げてきた。日本が世界第2位の経済規模を持つだ

けに，外国人の日本に対する認識不足が無用な国際摩擦を生み，摩擦を拡大させてきている。多くの外国人に魅力を与える地域づくりにより，外国人が現実の日本を知る機会と観光収益を得る政策が必要となる。それは国として情報化時代を生き抜く上での基本的課題でもある。

　他方で，1980年代から日本もアメリカ合衆国をはじめとする先進諸国同様に，産業革命以来築いてきた工業化社会から，徐々に情報革命に基づく知識情報化社会への転換を迫られるようになった。しかし，日本人の多くはそのことに気づきつつも，強力な中央集権型統治機構のもとで富の源泉を土地・金・体力に求める工業化社会型政策を続行した。その結果は，国際化の中で円高と貿易収支の黒字幅を高め，世界都市化に伴う東京一極集中とバブル経済に代表される事態を招いた[2]。

　バブル経済の崩壊によって日本経済は長期低迷に陥る。バブル経済崩壊後の不況には，これまでの経済不況要因のほかに，別の大きな構造的要因がある。それは明治以来100年以上続いてきた工業化社会の国家システムを，情報革命に対応した知識情報化社会の国家システムへ構造変革できなかったことである。従来型社会システムは容易に転換できず，経済不況によって多くの犠牲を強いられてきた。しかし他方で，過去10数年の間に日本社会は，遅々としているものの，知識情報化社会に転換しつつある。

　知識情報化社会の富の源泉は，「知恵と情報」である。この知恵と情報は，人間の交流によって生み出される。したがって，国の内外を問わず，いかに多くの人が交流できる環境を創るかが，知識情報化時代の鍵となる。多くの人々が興味を持ち，行ってみたい・暮らしたいと思う地域は，さまざまな知識・情報が交流・結節し，新しい知識・情報・価値を生み出す。そうした地域にはますます有能な人々が集積し，発展の核が造られる。これからの時代が目指すべき地域はこうした地域であり，それは土地利用・景観に優れ，結果として観光的に魅力ある地域・街・都市といえよう。

　こうした時代の流れを受けて，日本政府も国内外の人々が十分に交流し新しい時代を構築すると共に貿易外収支の改善を図るべく，「外国人旅行者訪日促進戦略」の一環として2002年12月に「ビジット・ジャパン・キャンペーン」

を発表した。そして2003年1月における小泉首相の施政方針演説で「2010年までに1,000万人の訪日外国人誘致」を目標に「観光社会資本」を整備する観光立国への動きが始まった。これは換言すれば，物の輸出入から人々の交流を重視する社会への転換といえる。すなわち，依然としてものづくりや物の輸出入の重要性は変わらないものの，それを持続的に発展させていくためのシステムとして人の交流が最重要課題となり，地域づくりにも観光的視点が重要になる現れである。

日本政府のビジット・ジャパン・キャンペーン事業は日本政府観光局（JNTO）を中心に，官民一体の努力の結果，2008年における日本への外国人訪問者は835万人になった（日本人海外旅行者数1,599万人）。しかし，その目標の1000万人が達せられても世界で20位前後と，世界2位の経済大国にはふさわしくなく，「観光立国」にもほど遠い現状である。知識情報化時代にふさわしい，不況にも強い観光政策・観光社会基盤整備のあり方が，日本の大きな今日的課題である。こうした課題を解決するために日本政府は，観光行政の一元化と強化を図るべく，2008年に観光庁を発足させている。

2．リゾート法の制定と観光まちづくり

1980年代後半の日本は，リゾートブームに沸いた。すなわち，日本政府は労働時間の短縮と長寿化にふさわしい国民生活の実現や第三次産業による地域振興，民間活力による内需拡大を目的に，総合保養地域整備法（リゾート法）を1987年に制定している。この法律の制定は日本経済のバブル期に重なったため，日本全国にリゾートブームが発生し，結果として国土面積の約17%がリゾート法の特定地域に指定され，そのうち国土面積の約2%にあたる83万ヘクタールが特に整備を促進する重点整備地区となった。

しかし，1991年夏以降，いわゆるバブル経済が崩壊し，全国的なリゾートブームは沈静化した。多くの大規模リゾート開発計画は行き詰まり，計画の中止・凍結・撤退が相次いだ。同時に，リゾート開発にともなう環境破壊が問題化した。そのため，観光・リゾート開発を快く思わない人々も多い。だが，当

時のリゾート開発問題の多くは，あまりに資本の論理を優先し，地域の論理を無視したことに起因している。成熟社会化してきた日本では，今後ともリゾート需要の増加は見込まれる。市民生活を豊かにするためにも，地域の論理に基づくリゾート開発まで不要ということにはならない。真にリゾート地としての開発ポテンシャルをもつ地域は，一時的な変動に目をうばわれることなく，自然環境の保全や生態系に十分な注意を払い，地域の論理に根ざしたリゾート開発計画を推進すべきであろう。

日本人は余暇を楽しむことなく仕事ばかりして，リゾートとは無縁であったように言われてきた。しかし，古くから年中行事のように繰り返されてきた温泉湯治や盆・正月の故郷帰省，講組織による神社仏閣への参拝は，古典的日本型リゾートといえる。また，団体旅行の多さとその多様性は，諸外国にはあまり見られない特異な現象である。これらは日本における潜在的に高い観光・リゾート需要のポテンシャルと考えられる。

しかし，温泉湯治客は，非常に少なくなった。また，故郷をもたない大都市生まれの人が多くなるにつれ，1980年代まで見られた大規模な盆・正月における故郷への帰省現象は見られなくなった。盆・正月には依然として大きな人の動きがあるものの，従前とは異質なものとなりつつある。そこでは帰省に代わる新しい旅行形態が求められてきている。さらに，所得の向上と価値観の多様化，家庭生活や個人生活の重視から，講や団体旅行も減少傾向にある。そのため，観光・リゾート地での個性的な生活が求められる方向に向かいつつあり，温泉地や景勝地を中心に会員制リゾートホテルやリゾートマンション・別荘が増加し，多く利用されるようになってきている。

ところで，観光地とリゾート地を明確に定義することは難しい。観光もリゾートも非日常性や刺激性を楽しむものであるが，リゾートは観光よりも長期滞在型で，繰り返し訪れる旅行形態と区別する場合もある。しかし，知識情報化社会においては，一時訪問者にとって非日常性を持ちつつそこへ住み続けたいと感じさせることのできる地域づくり・まちづくりが必要になってきている。それは観光的・リゾート的視点を採り入れた地域づくり・まちづくりである。そこで，本書では両者の区分をあえてせず，観光地づくりとリゾート地づ

くり，一般的なまちづくりを包括する意味で，「観光まちづくり」を用いる。また，本書では観光地とリゾート地を合わせて「観光地」と称し，観光客とリゾート客を総称して「観光客」とする。

「観光地」を以上のように考えると，観光地は単に自然環境の美しい地域であれば良いとはならない。長期滞在も可能な良質で低廉な空間として，さまざまな基盤整備の進んだ地域であることが求められる[3]。それは観光客にとって快適で，利便性の高い開放的な地域であることを意味する。同時に，「観光地」に常時生活する人にとっても快適で，利便性の高い優れた生活空間でなければならない。

3．経済不況に強い観光まちづくりの必要性

観光開発に際し，観光開発にのみ傾斜しすぎないことが重要となる。観光関連支出は，経済の不況期に真っ先に経費削減の対象とされ，観光業は経済社会の変動に左右されやすい事業体質をもつ。ここに第二の基本的な考え方を示す必要がある。

アメリカ合衆国ノースカロライナ州のアパラチア山脈に位置するアッシュビル市（2000年センサス：都市人口約6万人・都市圏人口23.1万人）は，その自然美と快適な気候によって19世紀末から保養都市としての名声を得た。そのため全米から資産家が集まり，急速に都市的発展を遂げ，20世紀初頭までにほぼ今日に見る基本的都市基盤整備が完了している。しかし，1920年代における域外資本家による土地投機は急激な地価の高騰をもたらし，1929年に始まる世界恐慌の波をまともに受けた。第二次世界大戦後，アッシュビルは保養都市として再生するものの，かつての負債の影響を1970年頃まで受けた。この反省からアッシュビルは，都市再生にあたり社会経済基盤を観光だけでなく，ノースカロライナ州西部の中心地として総合的経済機能・広汎な文化的機会に恵まれた都市・都心形成を図っている[4]。

アッシュビルはそのために次の施策を行った。第一に，都心と郊外・他都市とを直結する高速道路網の整備と都心内部の道路体系・駐車場整備など交通ア

写真 1-1　アッシュビルの景観

クセス条件の改善である。第二に、歴史的資源の活用保存がある。第三に、地域中心都市にふさわしい中枢管理機能の充実と工場誘致など経済基盤の強化と雇用の創出に力がそそがれた。こうした状況の中で良好な交通条件、通信施設、自然環境を活かして大企業の本社機能の立地にも成功した。第四に、美しい自然景観と特異な歴史性を活かして、観光客ばかりでなく、会議の誘致とエンターテインメントの充実が図られている。会議の開催は大きな付加価値が必要となるため、ホテル、美術館、ギャラリー、大学などさまざまな関連施設の充実に力が入れられた。また第五に魅力ある中心商業地形成、そして第六に居住機能の充実が図られている（写真1-1）。その地域に魅力をもって永住する人の存在が、最も重要な観光・リゾート環境といえるからである。

　アッシュビルの経験は、今日の日本の観光開発に二つの大きな教訓を与えている。一つは、過度な域外資本の不動産投資対象となることを避け、その地域が自立的に開発計画を樹立することの必要性である。他の一つは、観光・リゾートばかりに傾斜せず、多彩な都市機能を集積した都心・商業中心地開発によって経済不況に強い体質をつくることである。

4．大規模観光開発から地域資源を活かした観光地域づくりへ

　域外からの過度な資本投下を避け，地域性に見合った開発計画を樹立することは，基本的に大規模な観光開発を意味しない。日本でもバブル期における大規模な観光開発の失敗の反省と新しい時代への対応策として，開発哲学を転換しつつある。その主たる方向が，人材・生産物・資金・歴史・環境など当該地域の自然・人文に関する地域資源を活用し，身の丈にあった個性豊かな観光地域づくりといえる。これからは，地域の人々が地域資源を活かして創りあげた日常の「暮らしぶり」や「生活空間」が，観光吸引力の中心になる。

　観光地域の経済は，一般に観光客のさまざまなサービスや物品に対する消費購買行動によって支えられる面が大きい。その意味で，観光客と地域の人々両方に利便性が高く，アメニティに優れた都心・商業中心地を形成することは，観光地の成立要件として重要なことになる。特に，医療・文化施設も含む都市基盤の整った中心地が存在し，必要な時にはいつでもすぐに都市的サービスが受けられることは，良好な自然環境の中で安心して観光生活を楽しむ必要条件といえよう。

　以上のように，時代の転換期には地域づくりの哲学を変え，将来像を明示し，まちづくりの担い手を育てねばならない。個性豊かなまちづくりには，①秩序ある土地利用と美しい景観の枠組みづくり，②官民協働型コミュニティと地域環境整備，③個人投資を呼び起こす仕組みが必要となる。他方で，大規模な高層ホテルによる「建物の街化」[5]が，観光街を衰退させてきた。街化した建物から人々を街路に吸引し，街路を歩いて楽しい交流空間にすることで，中心街を再生しなければならない（写真1-2）。

5．市町村合併後の新たな観光戦略

　日本の各市町村は，特に2006年3月までの約4年間，合併問題で揺れ動いた。その結果，異なる多数の地区からなる市域面積の広い市町村が多数出現してき

写真 1-2　大規模な高層ホテルの林立で「建物の街化」が進む
（群馬県伊香保温泉街）

ている。そのため、これからの観光まちづくりにおいては、大都市化分都市化型地域政策に基づく観光戦略が必要となる。

　今日の都市は、それぞれ核を持つ複数の地域が一体化する形で多核心型の一つの都市へと成長（大都市化）するとともに、それぞれの核を中心とする地域は一つの都市としての一体性を保ちつつ自立性の高い地域（分都市）に再構築・析出されてくる。「大都市化分都市化型都市構造」は、こうした変化過程とその結果の状態を意味する[6]。分都市には都市構造的・機能的に中心的な分都市とその周辺に位置する分都市とがある。しかし、それぞれの分都市の自立性は高く、分都市間に上下関係はなく、相互に交流し得る構造を持つ。そのため、「大都市化分都市化型都市構造」は、従来の階層型都市地域構造から水平型の都市地域構造への転換が分都市化の前提となる（図 1-1）。

　かつての産業革命によって築かれた工業化社会は、画一的な大量生産・大量消費に基盤を置いた地域づくりであった。そのため、観光地にしても利便性を優先した画一的なまちづくりを行い、団体客を大量に受け入れてきた。しかし、今日ではそれぞれの人がそれぞれの想いを持って地域を訪ね、そして自分の想いでその地域と語りあいながら、関係を深める観光へと変化してきてい

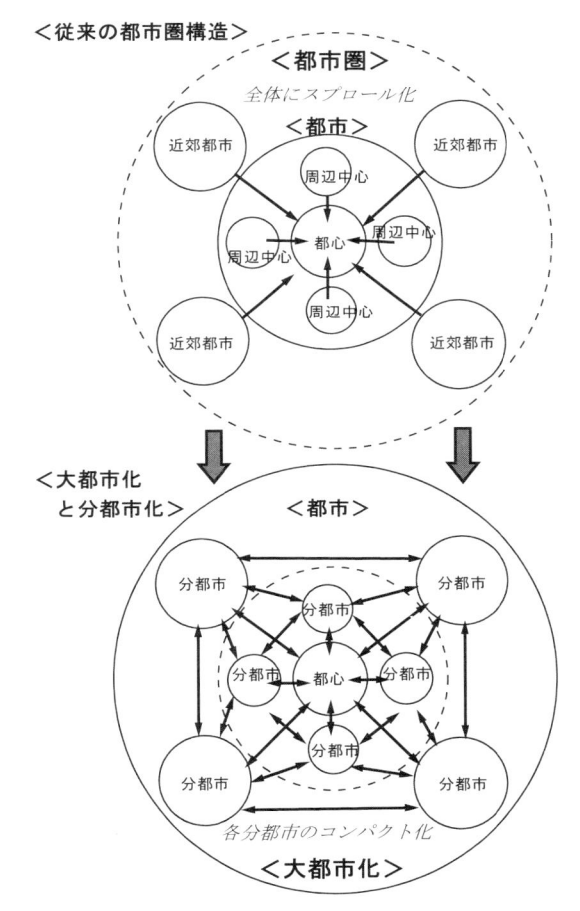

図1-1 大都市化分都市化型都市構造図（戸所　隆原図）

る。そのため，その地域の自然や歴史的・地理的環境を十分に把握し，それぞれの地域特有の美意識や地域づくり哲学を構築することが求められている。また，それを培ってきた地域固有の歴史芸術や地域文化を，観光まちづくりに活かし発信することが重要となる。

　平成の大合併後の市町村は，市域が拡大しただけに市町村内における各地区

ごとの地域性をそれぞれ発揮しない限り，当該地域の人口は減少し産業も衰退し，いずれその地区は消滅するであろう。それだけに，これまで以上に地域資源を活かした自己主張をする必要がある。地域特有の美意識・地域づくり哲学を共有したまちづくりには，地域ブランドの形成が一つの方策となろう。特定の事柄で人々の関心を持続させることが街のイメージづくりには必要となる。地域ブランドによる地域づくりは，金太郎アメ型地域再生から脱却する有力な手段である。それにはそれらを担う町衆を育て，地域ブランドを創造し，それを核とした観光まちづくりが有効な政策手段となろう。

6．地域リーダーとしての町衆による地域ブランドづくり

　豊かさを実現した今日の日本では地方分権化が課題となっている。そこでは自律発展型自立地域の形成が，目指すべき地域づくりの基本である。こうした地域づくりには，自立した個人からなる市民社会・コミュニティを形成する必要があり，新しい時代を先導する地域リーダーの確保とそれを引き継ぐ広範な人材育成が課題となる。

　建都以来1200年以上にわたって時代の荒波に揉まれながら生き抜いてきた京都の都市形成の歴史をみると，そこにはつねに時代の変化をつかんであるべき方向へ導いた"町衆"が存在していた。地域づくりにおける京都の強さは，たとえ外からきた為政者が権力を振るおうとも，古来，町衆がしっかりと地域づくりを担い，持続的発展システムを構築していることにある。自主独立の精神で地域づくりに励まねばならないこれからの分権時代においては，町衆の存在とその活躍如何が地域の発展を左右するといえよう。

　著者は"町衆"を次のように定義したい。すなわち，町衆とは，自分が生きる（生活する）地域の過去・現在・未来を語ることができ，その地域を時代の変化に対応して良くしていこうと自己実現できる人である。自己実現できる人は文化そのもので，多くの町衆が集まる地域には独自の文化が生まれる。文化は人を呼び，その地域は多くの人々が集う交流空間化し，新たな産業空間にも観光地にもなる。文化があるところには人も物も金（産業）も情報も集まる。

そしてその基礎をつくるのが町衆といえる。多彩な町衆の知恵によって，知識・情報化社会にふさわしい地域を持続的に発展させられる新しい地域ブランドを創り出す必要がある。

　なお，地域ブランドに関しては第6章で詳述するが，その成立要件には，①差異化，②約束性，③顧客満足，④一流性，⑤発展性がある。この成立要件を満たすべく，時代の変化と地域資源を活かした地域ブランドを確立し，観光まちづくりに役立てることが求められている。

7．情報革命による時代の大転換への対応

　日本は現在，非常に大きな変革の時代を迎えている。人口増加に支えられた経済成長の時代が終焉し，これまで経験したことのない人口減少の環境下で経済政策や地域政策を模索していかねばならない。そのためには，日本を取り巻く社会や時代の動向をきちんと見据え，次代の国土構造や地域づくりのあり方を考える必要がある。そして，経済力や国際競争力があるうちに，新しい日本のかたちを創っておかねばならない。交流人口を活かした観光による国づくりやまちづくりもそのひとつである。

　トフラーAlvin Tofflerは，『第三の波』で，人類の歴史を三つに区分している。第一の波は「農業革命」によってもたらされた時代で，それまでの混沌とした狩猟採集社会から農業によって定住化・集住が進み，安定した秩序ある社会が形成された。

　次に来たのが「産業革命」で，それまでの「体力（人力）」に代わる「動力（内燃機関）」の開発によって，機械化や工業化が進行した。その結果，産業の中心は農業から工業へと転換し，都市への人口集中や交易などで人の移動が活発化するようになった。また，国家と共に企業という組織が成長し，力を発揮してきた。日本では明治時代から1980年代までのおよそ100年の間がこの時代に相当する。

　そしていま直面しているのが「情報革命」である。産業革命時代を内燃機関による「体力の機械化」が社会形成をリードしたように，情報革命の時代は人

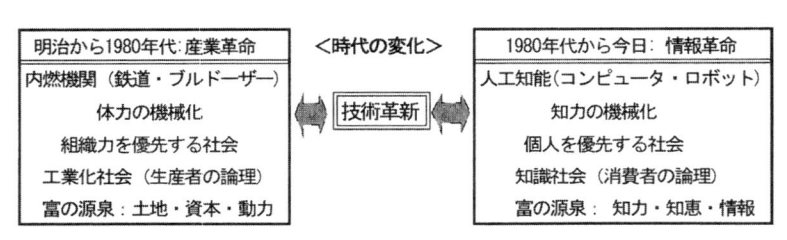

明治から1980年代：産業革命	＜時代の変化＞	1980年代から今日：情報革命
内燃機関（鉄道・ブルドーザー）		人工知能（コンピュータ・ロボット）
体力の機械化	技術革新	知力の機械化
組織力を優先する社会		個人を優先する社会
工業化社会（生産者の論理）		知識社会（消費者の論理）
富の源泉：土地・資本・動力		富の源泉：知力・知恵・情報

図1-2　産業革命から情報革命へ

工知能による「知力の機械化」が基本になっている（図1-2）。

　1980年代に始まった情報革命によって，日本そして世界は価値観や社会システム，社会構造など，さまざまな場面でこれまでとは異なるしくみを形成していくことが求められている。たとえば，産業革命時代の富の源泉は「土地・資本・動力」であったが，情報革命時代には「知力・知恵・情報」に変わってきた。それに伴い企業のような組織力よりも，知力や情報を持つ個人が優先される社会へと移行していくことになる。

　また，産業革命によって形成された工業化社会では，経済活動の中心となる巨大都市などに人口や機能が集中した。しかし，これからは，情報インフラが確保されていれば，必ずしも1カ所に人口や機能を集中させる必要性は低下する。その結果，小さくても特徴的な多種多様な政治・経済・文化の拠点が形成され，それらが相互に水平ネットワークすることで新たな知識情報化社会を構築しつつある。

　こうした時代や社会の変化に対応して，官の役割や国土政策，地域政策も変わらねばならない。工業化社会においては産業振興・経済成長戦略に基づき，農村から都市へ人口が移動し，核家族化も進行した。それに対応した国土計画や都市政策によって，日本は先進工業国の形成に大きな成功を収めた。同様に，現在進行中の知識情報化社会への大転換の行方を見据え，それに対応した新しい国土づくりや地域づくりが求められている（表1-1）。

　しかし，現在までのところ日本社会は，「情報革命」という時代の大転換に対応できていない。その大きな要因は，東京一極集中や東京（中央）で意思決定されるしくみが，依然として日本を動かす社会システムになっているためと

表 1-1　時代の変化と地域・社会構造との関係

時代区分	農業革命時代 第一の波（農業化）	産業革命時代 第二の波（工業化）	情報革命時代 第三の波（情報化）
基本理念	政治中心（平等）	経済中心（効率）	文化（自己実現）・政治・経済との交流，自由
都市間の関係	分散型（孤立・主従）	集中型（階層ネットワーク）	集中と分散（水平ネットワーク）
土地利用の特徴	定住化	都市集中	大都市化と分都市化
交通機関	徒歩中心	鉄道・自動車・航空機	高速交通化・IT（空間の克服）
地域社会性	地域内の安定	地域性の喪失	ボーダレス化，自立・個性化
富の源泉	**体力**・土地	土地・資本・**動力**	**知力**・知恵・情報
首都文化の特徴	**京都**：伝統（農業）文化	**東京**：現代（工業）文化	**新都市**：未来（情報）文化
官の役割	統治	規格・制度の決定・業界指導	ルール策定・維持，事故処理
家族の形態	大家族	核家族	ポスト核家族（個人中心）
雇用関係	服従・男性中心	長期継続雇用・年功賃金・縦型社会・男女役割分担	転職・生涯現役型雇用・能力賃金・横型社会・男女共同参画

資料：戸所　隆作成

考える。国内市場や国際市場で勝ち抜いて行くには，他社・他人より早く情報をキャッチし，自社の戦略に反映・活用しなければならない。そうした情報は，少なくとも現状では地方より東京の方が早い。そのため，本社を東京に移すのは企業にとって生き残り戦略といえよう。しかし，それに伴い中枢を担う人材も東京に移り住むことになり，地方から優秀な人材やノウハウが流出する。その結果，中央と地方の格差，都市間格差が拡大することになる。

　工業化社会同様の東京をゴールとする社会システムや構造を改革しない限り，人・物・金・情報は東京に集中する。その集中した人や情報がさらに世界から情報を引き寄せ，地方圏との格差を拡大しつつある。こうした状況は効率的と見なされやすいが，知識情報化社会の基本である「多種多様な地域社会での多様な知識・資源をネットワークすることで多彩な価値観を創造する」こととは正反対の，画一化した価値観の再生産となる。

来たるべき日本の姿として分権社会の推進が期待されるが，そのためには東京一極集中のしくみやシステムを変革しなければならない。全国各地にある多種多様な地域資源を活用して創造型地域政策としての観光まちづくりをすることはその第一歩にもなろう。

8．時代の変化と地域資源を活かした観光まちづくり

地域は生き物であり，つねに新陳代謝を繰り返し時代の変化に対応する必要がある。そのためには地域のあるべき姿を先導的に示し，対応方向を制御する地域政策が不可欠となる。それ無くして地域の持続的発展はない。

産業革命以来，百数十年間続いた工業化社会は，情報革命によって情報化社会へと大きく転換しつつある。そのため地域を取り巻く環境は大きく変化し，地域の成立基盤や構成要素が変化し，地域形成のあり方も変えざるを得なくなっている。観光地もその例外ではない。

工業化社会では"もの"づくりが中心であったが，知識情報化社会にあっては"もの"づくりの基盤の上に"時間"づくりが重要になる。時間的余裕を楽しむ時代であり，時間がさまざまな消費需要を生み出すサービスの時代である。こうした時代にあっては，旅の本質である自分の知らない異文化社会との接触を楽しむ旅人が増加してくる。その結果，工業化社会に繁栄した団体旅行に適応した画一的な大規模観光地が衰退し，地域資源を活かした個性豊かな小規模観光地が活性化することになる。これは大企業といえども倒産する企業が増加傾向にある中で，技術力・情報発信力を持つ小さな会社が活性化している現象に符合するものといえる。

それでは情報化時代における観光地としての発展要素は何であろうか。著者には観光地にあっても"もの"づくりなどその地域を特色づける産業や伝統文化の基盤の上に，"時間"づくりのできる環境整備が不可欠のように思われる。また，それら地域を特色づける産業や伝統文化をシーズとした新たな産業の創造が必要である。さらに，それを可能にする基盤整備として，それぞれの地域に適した土地利用制度の確立が求められる。

地域の歴史をみると，工業化社会の前には農業化社会があった。この時代のリーディング・シティは京都であり，京都のまちづくりがモデルとなった。しかし，閉鎖社会であっただけに今日のように一般の人々が他地域から資材を持ち込むことはできず，当該地域特有の資材を使ったまちづくりとなった。その結果，それぞれの地域性を表現する景観が生まれ，地域性豊かな社会が形成された。こうした京都をモデルとしつつもそれぞれの地域性を豊かに現出した京都型都市開発手法によるまちづくりは，産業革命による工業化社会の出現で大きく変化した。

　工業化社会のリーディング・シティ，モデル都市は東京である。その特徴は規格大量生産型社会のもとで展開された脱個性の東京型都市開発手法による地域づくりであった。それは中央集権体制によって東京一極集中現象を全国へ浸透させ，結果として画一的な地域社会となり，没個性的地域を形成した（写真1-3）。

　しかし，情報化社会にあっては開放化と多様化，そして「ネットワーク化」がキーワードとなり，開放的かつ個性的な地域づくりが求められる。それを実現するこの時代の新たな都市開発手法が必要となっている[7]。

　時代の変化に対応しつつ建都以来1200余年を生き抜いてきた京都の歴史を見ると，単に時代の潮流に乗るだけでは持続的発展は期待できないことが知られる。それまでの地域の歴史と伝統を活かすべく，そこに新たな時代の波動を積み上げ，新しい時代に生きられる能力を持つ地域に創りあげる必要がある。観光開発においてもそれは同様といえる。また，時間がさまざまな消費需要を生み出すサービスの時代・情報化社会にあっては，こうした視点から形成された観光的魅力を持つ地域は新産業の立地をも有利にする。

　つまり，地域資源を活かした個性豊かな観光産業の育成が当該地域の新時代における成長を左右することになる。こうした地域資源を活かした新たな地域開発は，大都市地域でも中山間地域でも可能である。そのことによって，規模の大小はあっても上下関係なしで全国各地域がネットワークされる国土づくりも夢ではなくなる。その結果，工業化社会の落とし子的存在である過疎問題の解決にもつながろう。

写真 1-3　京都型都市開発と東京型都市開発

写真1-4　美瑛町の自然を生かした農業

　さらに今日では，生産者（資本）の論理から生活者・消費者（地域）の論理に立つ地域づくりへの構造転換が求められている。新たな時代に対応した地域づくりをするためには，こうした時代を貫く哲学を的確に把握し，それに対応したそれぞれの地域像を明確にし，それを構築すべく戦略的な政策展開を行う必要がある。その観点から見ると，これからの観光の主体は，資本が集客を目的として創りあげた工業化社会の観光地・観光施設に代わって，地域の人々が地域資源を活かして創りあげた住み良い生活空間になるように思われる。それは地域の生活者による日常的かつ不断の地域づくりが，結果として観光まちづくりにつながることを意味する。

　たとえば，北海道の美瑛町は特別な観光施設を持つわけでない。北海道の自然を生かした農業（写真1-4）を営む中で，その美しい景観に魅せられた人々が全国から集まり，いつしか北海道を代表する観光地の一つになった。しかし，何もしないで今日の栄光を得たわけではない。そこには地域に生き，自分たちの人生を豊かにするために努力した人々の，地域資源を活かした戦略的地域づくりがある[8]。

9．観光の意義と問題の所在

　観光の定義や意義については，地理学をはじめ多くの分野でさまざまな議

論がなされ[9]，先行研究が出されている。ここではそれらを参考にしつつも，新しい学問分野である地域政策学としての視点から，著者の試論として論じてみたい。

　観光は，個々の人間から見ると，非日常的生活空間におけるさまざまな経験を意味するといえよう。人々が日常的に生活する地域から離れ，地域によって異なるさまざまな生活や文化を体験し，その存在を知る機会である。それは，自らの生活空間と他所の地域との違いを確認し，他所の地域やそこに住む人々との相互理解を深めることに役立つ。こうした人々の地域間交流が地域間の連携を促進し，地域間の無用な軋轢（あつれき）や紛争を防ぐ役割を果たしている。観光は個人的な好奇心や向上心を満足させ，心身の再生と休養を図るだけでなく，地域政策的意義も大きい。観光は，まさに今日の交流の時代における最重要地域政策課題の一つである。

　観光は一般に，地域振興の面から，経済活動に特化して考えられることが多い。地方公共団体の行政組織として，観光行政担当課が，多くの場合，経済部や商工部に属していることはその現れといえる。これは，明治維新以来，勤勉・倹約を旨とする日本人特有の思想形成によって，観光を狭い意味での遊びとして労働の対極に位置づけてきたことも一因であろう。観光は，一部の金持ちを対象とした利益率の高い経済現象であり，料理飲食税や入湯税などさまざまな特別税を課徴できる対象であった。こうしたことが，今日の日本人に観光を狭く考えさせ，一部の日本人には観光はサボタージュと同義語であるかのような現象を生んでいる。

　しかし，こうした意識も社会経済構造の変化に伴って次第に薄れ，労働に対し従属的であった創作活動・スポーツ・健康増進活動などとともに余暇活動が活発化し，人々の観光需要も増大してきている。また，観光はその地域全体に関わる基礎的な経済・文化・社会活動として，幅広い生活基盤を構築する活動になってきている。すなわち観光地は特別な景勝地のみならず，ごく普通の生活空間すべてがその資格を持っており，その意味ですべての都市が観光拠点となりうる。こうした中にあっては，政治・経済・文化活動に優れ，生活しやすい魅力的な都市の観光価値が高くなる。

以上のことは，社会経済構造の変化によって，これからの日本社会において観光・サービス産業が基幹産業化することを意味する。このことはこれまで同様に観光を経済対象としてみる場合も，これまでとは違った視点・位置づけで観光政策を行う必要性を生み出した。同時に，観光を単に経済現象としてでなく地域政策全般に関わる現象と見なし，その基盤整備にあたる必要性を示唆しているといえる。

　換言すれば，地域政策学的にみた観光のあり方は，その地域全体の振興に関わる広がりを持ち，その拠点である都市のあり方にも関係してくる。具体的には次の施策の実施と各種政策との連動が必要といえよう。すなわち，

　① 誰もが移動しやすい交通ネットワークシステムの構築
　② 観光の核となる都市や地域の適正配置
　③ 観光地そのものの魅力の向上と情報発進力の強化
　④ 観光施設や観光地と他の観光関連施設や地域との連携強化
　⑤ 観光地に住む人々のホスピタリティの向上と観光関係者（観光町衆・芸術家・行政担当者など）の育成

である。

〔注〕
1) 法務省作成資料に基づき国土交通省作成資料による．
2) 戸所　隆（2004）『地域主権への市町村合併』古今書院，pp.53-62.
3) 今野修平（1989）「先進国のリゾートに学ぶ」地理 34-2, pp.35-40.
4) 戸所　隆（1987）「アッシュビル市の都市形成と都心再活性化」立命館文学 499, pp.96-124.
5) 戸所　隆（1986）『都市空間の立体化』古今書院，242p.
6) 戸所　隆（2000）『地域政策学入門』古今書院，212p.
7) 前掲 5)
8) 明日の嬬恋を考える・村づくりと土地利用検討協議会ほか（2000）『明日の嬬恋を考える －村づくりと土地利用基本方策策定調査報告書－』広域関東圏産業活性化センターほか，pp.88-89.
9) 浅香幸雄・山村順次編著（1974）『観光地理学』大明堂，234p.

第2章

時代の変革期における観光・都市政策の方向性

1．これからの都市づくりの基本方向

1）知識主導型社会を構築するための観光まちづくり

　情報化社会は，国際化・多様化・ボーダレス化・地域連携などをキーワードに構築されつつある。そのため，情報化社会の地域間結合は，従来の閉鎖型階層ネットワークでなく，規模の大小はあっても上下関係のない開放型水平ネットワークとなる。また，人々が自由に交流できる空間構造と交通条件を備える必要がある。そのためにはまず，個々の地域が個性豊かな魅力ある社会を構築し，情報発信し，広範な地域から多くの人々を吸引し，交流できる空間にならねばならない。すなわち，情報化社会における地域づくり・都市づくりは，まさに魅力ある観光地づくりであり，観光まちづくりでなければならない。

　日本はバブル経済の崩壊以降，長期の経済不況に病んできた。こうした日本にあって必要なことは，成長を促す新たな需要の創造である。日本人の個人消費額は，貯蓄金額の大きさに比べ低水準にある。また，国際的に見た円の貨幣価値は，バブル経済崩壊以降，半減している。つまり，せっかく貯めたお金を有効利用しないまま，日本国民は資産を目減りさせ，デフレを招いた。また，リーマンショック後の日本は，初期の段階では影響が少ないといわれながら，現実には先進国で最も深刻な影響を受けている。こうした悪循環から脱却し，時代に対応した経済運営・地域づくりによって，持続的発展ができるシステムへの転換を図らねばならない。

　今日の日本は工業化社会から世界を先導すべき情報化社会に突入している。もはや公共事業や輸出依存だけで日本経済を成長軌道に乗せられる段階ではない。世界に冠たる金融資産を有効に使って，高度先端技術開発力を駆使した環

境技術の開発や，多彩な知識情報・サービス産業を育成することで，いかに再び世界をリードする知的社会空間へと日本を構造改革できるかが緊要の課題である。そのためには，欧米先進諸国へ追いつき追い越すための輸出主導型経済構造から，内需主導型経済に変える必要がある。リーマンショック後の不況期にあっても，まだ日本の個人貯蓄率・金額から見た個人消費拡大の潜在力は大きく，内需主導による成長の可能性は高い[1]。

しかし，衣食に関してはすでに充足度が高く，新たな需要を喚起することは難しい。これを打破するには従来型消費構造を時代に対応させて新しい型の消費構造に転換する必要がある。すなわち，情報化社会という知識主導型社会に適応すべく，知的サービスを指向する消費構造への転換であり，それを可能にする基盤整備を図ることである。

ところで，国際化・多様化・ボーダレス化・地域連携などをキーワードとする情報化社会を構築するには，多くの国民が国の内外を問わず，異文化社会を可能な限り知らねばならない。その実現には，非日常空間への旅が最も有効である。国の内外を問わない非日常空間でのさまざまな交流こそ観光行動であり，交流の活発化が国民の知的好奇心を高め，新たな文化を創造する。観光や文化創造に消費する金額は，物的な商品購入に比べ一般的にかなり大きい。そのため，観光を知的交流社会における新たな内需拡大につなげることが課題になっている。それを可能にするには，観光地の個性化とレベルアップ・低廉化を図り，国内外から多くの観光客を吸引できる観光まちづくりが求められる。

これまでも，伝統的なまちなみ形成が観光まちづくりに大きく貢献してきた（写真2-1）。これからはこれまで以上に，当該地域の歴史性・伝統性を活かしたまちなみを形成し，ストック型の観光まちづくりへと如何に転換できるかが問われる。それには建物の建て替えに際し，地域住民が共通のコンセプトに基づき歴史性・伝統性豊かなまちなみ形成に協力する体制づくりが不可欠となる。たとえ現在のまちなみに問題があっても，今から地域住民が共通のコンセプトに基づいた地域づくりを続ければ，建物の建て替えごとに徐々に姿を変え，30～50年後には目標としたまちなみが出現するであろう。

地域資源を活かした観光まちづくりは，大きな消費や地域産業を刺激する波

写真 2-1　福島県下郷村大内宿
茅葺き屋根の宿場景観が多くの人を吸引する。

及効果の大きな観光行動を生み出す。それを可能にする快適で魅力ある地域づくりシステムの再構築と地域政策の展開が求められている。

2）情報化時代の都市形成－大都市化と分都市化のまちづくり－

人種・民族・宗教・文化・老若男女・貧富を問わず，誰もが自由に交流できる都市は，いかなる時代にも人間活動の中核となる。人々が自由に交流できる都市がなければ，その地域全体の政治・経済・文化活動が衰退する。さまざまな価値観や技術・知恵を持つ多彩な人々が数多く都市で結節し，新たな考えや魅力ある製品が次々に創造され，情報発信され続ける都市が，影響力のある強い都市である。こうした都市の性格は知的な情報社会においてますます強化すべき性格となっている。

都市を発生・維持・発達させていく基本的な条件（都市の本質）には，接近性・結節性・創造性・中心と周辺（構造）・地域性（個性）・新陳代謝性・移動性などがある[2]。誰もが自由に交流でき創造性を求める観光地は，本質的に都市と同様の性格を持つ。そのため観光地は，その大小を問わず，上記の都市の本質

を満たさなければ観光地たり得ない。それは観光地が都市であることを意味すると同時に，これからの都市はどんな都市であっても，創造性豊かな独自の個性を持ち，観光的魅力なくして都市的発展ができないことを意味している。換言すれば，魅力ある都市観光を提供できない都市は，知識情報化社会には生き残れない。

　ところで，都市を発生・維持・発達させる基本的条件の一つである接近性とは，都市を取り巻く交通条件を時代と共に改善し，多くの人々を当該都市に近づきやすくすることである。また，結節性は都市に集まってきた人・物・情報・金を相互に結びつけ，新たな価値を創造する機能で，そうした創造性を生み出す都市でなければ多くの人々を魅了し吸引する都市にはなれない。さらに，都市空間は中心と周辺に構造化されることで，人々は活動しやすくなる。ただしこの場合，中心と周辺の間に上下関係はなく，あくまでも役割分担の違いであり，それらが相互に協調することで都市全体が活性化する。そして都市が持続的に発展するためには，つねに都市施設や都市機能・都市構造を新陳代謝しつつ，その伝統と文化遺産を蓄積することによって個性豊かな地域性を生みださなければならない。

　以上の基礎的条件に加え，これからの都市に必要な条件として，著者は次の四つを考えている[3]。すなわち，①自律発展型自立都市の形成であり，そのためには，②開放型水平ネットワーク型社会の構築とその基盤整備の充実が必要となる。また，③≪五感≫的魅力を持つ街，④公共交通の発達した歩いて暮らせるコンパクトなまちの形成である。

　これからの都市は，個性豊かなコンパクトなまちを公共交通で連結し，老若男女を問わず誰もが移動しやすくすることが求められる。20世紀を特徴づける郊外に発達した自家用車中心のアメリカ型都市では，市街地密度が低く，人と人との接触が希薄になり，少なくとも日本では個性豊かなまちづくりは期待できない。他方，公共交通の発達した歩いて暮らせるコンパクトなまちでは，ゆったりとした時間の中で人々は会話を楽しめる。それにより人々の相互交流は活発となり，新たな地域文化の創造も，時代に対応した空間構造の構築と雇用を生むことも可能となろう。

コンパクトなまちづくりを基調とすることで，都市内部構造や都市間関係も根本的に変化させる必要がある。すなわち，都市の中に再構築された多くのコンパクトなまち相互間も，コンパクトなまちの集合から成る都市と都市の関係も，自由に連携しうる開放的で水平的なネットワーク構造にしなければならない。それは，ボーダレスな開放型地域構造を持つ，インターネットに代表されるIT技術革命に対応した空間・結節構造といえる。こうした時代の都市には，自律的に発展できる政治経済力と個性豊かな文化創造力が求めらる。

　規格大量生産を旨とした工業化社会では，没個性的なミニ東京・ミニ銀座が各地に出現した。しかし，情報化社会における開放的で水平的にネットワーク化されたコンパクトなまちには，それぞれのまち特有の≪五感≫的魅力が求められる。そこでは，「人と人が会う場の面白さ・楽しさ」，「界隈(かいわい)性・雑然(ざつぜん)性・喧騒(けんそう)性」，「美しさ・質の高さ」，「複合・錯綜(さくそう)的な土地利用（機能）の展開」などが必要となる。

　こうした情報化時代を生き抜く都市形成の方向性は，「大都市化と分都市化のまちづくり」と要約できる（図1-1参照）。すなわち，ボーダレスな開放型地域社会にあっては，誰にも認知されやすい大きな都市になることが有利となる。他方で，大きな都市では，生活空間としての小地域は都市全体の中に埋没しかねず，個性豊かな地域社会を創出しにくい。その解決には，大都市内部を分節化してできた複数の分都市を個性豊かなコンパクトなまちにして，それらを相互に開放的・水平的にネットワークする空間構造が必要となる。コンパクトなまち・分都市の連合体としての大都市の形成がこれからの都市構造の基本である。

　たとえば，道後(どうご)温泉は松山市という大都市の中の個性的な分都市の一つである。松山市という大都市化の中で道後温泉は充実した都市的サービスを享受しつつ，松山全体の発展に寄与している（写真2-2）。群馬県の伊香保(いかほ)温泉も，平成の大合併で6市町村が合併してできた新・渋川市の分都市である。人口3千人の旧伊香保町では不可能な都市的基盤整備や広報力の増強は，9万人の渋川市へと大都市化することで可能となり，これまで以上に伊香保温泉の特性を伸ばすことができる（写真2-3）。渋川市も伊香保の知名度を活用して都市全体の

写真2-2　松山市・道後温泉

写真2-3　渋川市・伊香保温泉石段街

発展を行える。ボーダレスな開放型地域社会にあって，これからの地域の発展は，いかに個性的な地域を創造し，連携できるかにかかっている。

2．戦術論でなく戦略的シナリオを必要とする変革期の地域政策

　高度経済成長期のように，社会全体の目指す方向が明確で一致していた時代には，従来の地域づくり手法の範囲内で問題点を修正し実績を積み上げていけば一定の成果が得られた。それは"政策"というより"対策"であり，"戦術論の地域づくり"であった。

　しかし，今日のような時代の転換期・変革期には，変革を促す技術革新がある。その新技術を活かすために従前の経済社会構造や文化・政治システムを大転換させて新たな環境整備をしない限り，その地域は変化に乗り遅れ，従前からの社会システムも崩壊し衰退する。コンピュータ技術を核とした今日の情報革命は，これまで私たちが慣れ親しんできた社会構造や制度を根底から変革し，私たちの生活の質を変えつつある。それは経済活動に始まり，政治システムや文化のあり方を変え，環境・医療介護・教育・住居・安全・観光など消費生活全般にまで及んでいる。

　経済の高度成長期や安定成長期の地域社会には，先進諸国のモデルがあり，一定の発展法則や方向性もあった。そのため，過去から現在に至る当該地域の変化を統計などで精査し，モデルに当てはめることで地域の将来像は概ね推定できた。しかし，そうした手法は時代の変革期には通用せず，さりとてモデルとなる手法も理論もない。

　こうした変革期の問題解決に従来型地域づくり手法を用いたのでは，誤った方向に導く可能性が高い。変革期には当該地域の将来像・あるべき姿を仮説として明確に提示し，それを実現するために最も適した政策を戦略的に投入する必要がある。それにはまず，地域のことを熟知した人々が十分に議論を重ね，従来の到達目標とは異なる新たな地域の将来像を見出さねばならない。

　将来像を考えるには，現状にとらわれずさまざまな変化要因を勘案して，まず地域のあるべき姿（理想像）を構想する必要がある。その上で，現実の地域資源やさまざまな環境条件から，地域の人々が一致して新しい時代の具体的政策目標にできるものを将来像として示すことになる。このようにして創り上げ

```
┌─────────────────────────────────────┐
│         高度経済成長期              │
│    社会全体の目指す方向が一致       │
│    ＜戦術論の地域づくり＞           │
│ ┌─────────────────────────────────┐ │
│ │従来の地域づくり手法で問題点に対応（対策）│ │
│ └─────────────────────────────────┘ │
└─────────────────────────────────────┘
                 ▼
┌─────────────────────────────────────┐
│ 工業化社会から情報化社会への変革期  │
│    社会全体の目指す方向が不明       │
│    ＜戦略論の地域づくり＞           │
│ ┌─────────────────────────────────┐ │
│ │地域の将来像・あるべき姿を仮説として明示│ │
│ │将来像実現の阻害要因発見と戦略的な政策立案│ │
│ └─────────────────────────────────┘ │
└─────────────────────────────────────┘
```

図 2-1　戦略的シナリオを必要とする変革期の地域政策

た将来像は，あくまで仮説である。しかし，従来の発展方向とは異なり，地域住民の多様な理念を一つの具体的政策目標に転換したところに大きな意義がある（図 2-1）。

　工業化社会を構築するために築かれた堅固なシステムが，地域には数多く存在する。そのため，従来の理念で地域づくりをしようする守旧派的地域力学が，時代や環境の変化にもかかわらず強く働く。こうした地域力学を放置していては，たとえ地域住民の多様な理念を将来像として政策目標にまとめても，その実現は不可能となる。その結果は地域の衰退を招き，気づいた時は手遅れというケースが多い。それを避けるには，将来像の実現を阻止する要因を見出し，阻害要因を戦略的に排除して，社会システム全般に関わる構造改革が断行されなければならない。

　将来像（あるべき姿）を実現するための阻害要因の発見には，現実の地域を的確に現状分析することが不可欠となる。それによって，理想的な地域像と現状との間にあるギャップが把握でき，何が問題（阻害要因）なのかを発見できる。また，将来から現在をみて，将来像実現のためにはどの方向に転換すべきかを見出す必要がある。その上で，将来像の実現を妨げる阻害要因を具体的に

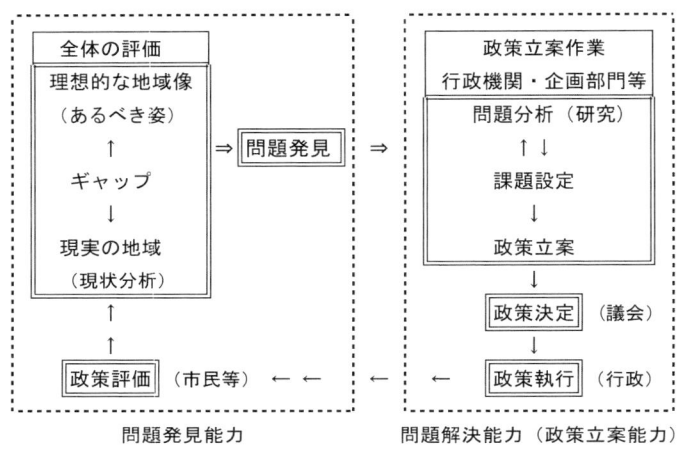

28　第Ⅰ部　日常空間としての観光まちづくり

```
┌─────────────────────┐        ┌─────────────────────┐
│   全体の評価         │        │   政策立案作業       │
│  理想的な地域像      │        │ 行政機関・企画部門等 │
│  （あるべき姿）      │        │  問題分析（研究）    │
│      ↑              │⇒問題発見⇒│      ↑↓            │
│   ギャップ           │        │   課題設定           │
│      ↓              │        │      ↓              │
│   現実の地域         │        │   政策立案           │
│  （現状分析）        │        │      ↓              │
│      ↑              │        │  政策決定 （議会）   │
│      ↑              │        │      ↓              │
│ 政策評価（市民等）← ← ← ←  政策執行 （行政）   │
└─────────────────────┘        └─────────────────────┘
     問題発見能力                 問題解決能力（政策立案能力）
```

図2-2　地域政策形成の基本パターン（戸所　隆作成）

特定することが求められる。

　以上の作業で見出される阻害要因は，かなりの数になる。それらをすべて除去し，改革するだけの時間的余裕も人的・経済的余裕もない。しかし，ものにはツボある。これさえ変えれば，連動して多くの事象が変化する波及効果の大きな阻害要因がある。それを見出して除去すれば，その地域は将来像に向かって大きく前進を始める。時代の大転換期にはこうした戦略的政策立案とそれを担う人が不可欠となる。

　以上の視点に立つと，地域政策の形成過程は次のようになる。すなわち，政策立案には，その地域が抱える問題発見をしなければならない。それには現実の地域像を十分に認知し，理想的な地域像を描いてみる必要がある。そして現実と理想とのギャップを見出す中で，その地域が抱える問題点を発見・摘出する。次に，その問題がどんな理由で生じているのかを調査分析し，問題解決のための課題設定を行い，問題解決のために最も効果的な手法を導入すべく政策立案を図る。そうした政策の可否は議会などの意思決定機関で審議され，可決されれば行政機関などによって執行される。その政策の結果や効果は，多くの人々に評価され，また新たな地域問題の発見へとつながっていく。以上のよう

に地域政策の形成過程は，問題発見－問題分析－課題設定－政策立案－政策決定－政策執行－政策評価－問題発見という循環になる（図2-2）。

3．知恵の時代における戦略的観光政策

1）日常の「暮らしぶり」や「生活空間」が観光資源

　次世代の観光資源は，従来型の集客を目的とした特別な観光地・観光施設にも増して，地域の人々が地域資源を活かして創り上げた日常の「暮らしぶり」や「生活空間」が観光吸引力の中心になると考えられる。こうした流れにおいて観光地化の成否は，いかに地域の人々が住み良くて魅力的な生活空間を創造できるかにかかっている。すなわち，その地域の人々にとっては快適な日常が，訪問者にとっては非日常と感じられる地域が脚光を浴びることになる。それは後述する長野県小布施町や川越市の例から理解されよう。

　以上の観光に対する考え方の構造的な変化は，物質的豊かさを実現した工業化社会から情報化社会への転換に伴う質的変化に起因するといえよう。情報をつくるのは人であり，その源は知恵である。これからの時代は，地域資源を活かす知恵（情報）によって農業生産も工業生産も新たな展開が図られ，広域の人々を市場とする魅力的な製品を生み出すこともできよう。

　こうした質的に高くユニークで魅力ある情報を発信できる地域の形成には，それを担う人の存在が鍵を握ることになり，そうした人材が住みたい・行ってみたいと思う地域が優位となる。すなわち，人材を育成・吸引できる優れた環境条件を持つ地域が，情報化時代の成長核になる。

　こうして考えてくると，工業化社会では都市部でしかできなかった活動も，知識情報化社会ではどこででもできる可能性が生まれてくる。これまで過疎に悩んでいた地域も，以上のような地域づくりによって多くの人材を吸引する地域へと転換できる可能性もある。その実現には特定分野において，大都市にも対抗できる質の高い魅力のある地域づくりを目指す必要がある。多くの交流人口の受け入れは，地域のネームバリューを向上させ，観光客の増加政策にもなる。知恵が地域を創る時代である。

２）「健康」と「教養」に資する地域ブランドへの指向

　これまでの日本は貿易収支で大幅な黒字を生み出し，その世界的不均衡から批判を浴びてきた。しかし，観光や知的財産権に関わる貿易外収支は大幅な赤字である。貿易外収支に関わる経済活動は，直接的に国際的な産業間競合にならない。そのため，黒字国であっても，いわゆる自動車輸出に伴う貿易摩擦のような国際問題に発展することはない。観光は，地域資源を活かした文化情報発信事業である。物質的資源の少ない日本は，四季の変化をはじめとする地域資源を活かして，世界の人々の交流・観光活動にもっと積極的に組する必要がある。

　その地域の人にとっては何でもないことでも，外国人や域外の日本人には，非日常的な地域における固有の文化や人間活動として興味深いものがある。また，地域の人々は観光客（交流人口）を意識することで，地域資源の大切さや地域アイデンティティを再認識し，地域への愛着を深めることにもなる。それは地域を構成する人々に共通の地域づくりへの目標・方向性を与え，地域を再生させるきっかけにもなろう。それを可能にする地域づくり・人材養成が，地域政策の最重要課題である。それは地域の魅力増進策であり，総合的な観光政策にもなる。

　工業化社会において光り輝いていた地域ブランドも，今日では国際化や高速化などによって輝きを失いつつある。多くの地域資源が存在する地域であっても，従来型地域経営手法ではそれらをうまく活かせなくなっている。これからの知識情報化社会にあっては人間主体の地域政策が求められ，「健康」と「教養」を軸に地域が再構築されてくると考えられる。地域資源を活かし，「健康」と「教養」に資する地域ブランドをいかにして創り出すかが課題となろう。「教養」のテーマとしては環境やスポーツもよいであろう。また，芸術を地域ブランドの核にすることも考えられる。

４．土地利用・景観形成制度の導入と地域づくり組織の設立

　これまで観てきたように，時代の変革期には観光施設中心の観光振興事業で

は，充分な効果は得られない。地域づくりの哲学を変え，地域の将来像を官民協働で明示し，まちづくりの担い手の育成が欠かせない。また，将来に向かって確実に構造転換を図りうる土地利用制度の制定，交通体系の構築，税制や財政構造の再構築などを整備する必要がある。特に今日の日本では，地域づくりの根幹をなす土地利用制度の構築を中心に，地域環境整備を戦略的に行うことが求められている。

戦略的な地域環境整備は，概ね次の三つの仕組みを構築することによって達成できると考えられる。すなわち，①都市計画制度や景観形成条例など土地利用規制の枠組みづくり，②地域整備に役立つ共同体の構築，③個人投資を呼び起こす仕組み，である。

1） 土地利用規制の枠組みづくり

日本の集落景観は，地域の建築業者によって地元産の木材や石などの建築資材を使わざるを得なかった時代には統一観が保たれていた。しかし，日本の建築規制や土地利用規制は欧米先進国に比べ弱く，かなり私権が優遇されてきた。その結果，工業化社会を構築してきた過去100年の間，特に高度経済成長以降の過去40年ほどの間に，多彩な工業製品や世界各地の資材を用いた統一性のない建築景観が形成され，随所に無秩序な土地利用が見られるようになった。そうした状況を克服し，改善するには，都市計画制度や景観形成条例など土地利用規制の枠組みを作り，30～50年をかけて徐々にあるべき土地利用・景観や地域像の形成を図る必要がある。

人々の移動が激しく，さまざまな工業製品や建築資材が国内外で大量に流通する今日，あるべき方向・理想の地域像への誘導は，土地利用や景観形成の規制なくしてできない。こうした土地利用規制・景観規制の導入は規制緩和という時代の流れに反すると主張する人がいる。しかし，今日必要とされている規制緩和は，主に経済に関する規制緩和である。何でも規制緩和すれば良いというものではない。自由な経済活動を保障するにしても，都市計画規制・環境規制などにより地域の視点から経済活動を制御する必要性は増している。

現実に魅力ある地域づくりに成功している地域は，後述するように地域の将

来像を明示し，それを実現するための都市計画規制・環境規制などで土地利用規制の枠組みを作り，実施した地域である。また土地利用制度の策定だけでなく実効性ある土地利用制度とするため，それを活用できる共同体の構築が必要となる。

2）地域整備に役立つ共同体の構築

地域整備に役立つ共同体は，新しい考え方・スキーム（仕組み）で地域づくりをする共同体である。具体的には，企業経営感覚を持つ市民が中心となって，行政と協調・協働しつつ個性豊かな地域づくりを実施する「まちづくり委員会・まちづくり会社」のような組織である。

この組織は町衆たるリーダーを中核にして，組織・個人ともに水平の関係で可能な限り広範な市民を結集し，他地域の同様な組織と連携しつつ，地域全体の発展をもたらす方向性を持つ組織でなければならない。そのためにも，行政は地域づくりの窓口を一元化し，地域住民がスムーズに活動できる体制づくりに協力する必要がある。

3）個人投資を喚起する仕組みづくり

日本では，経済の停滞・少子高齢化，税収不足などによって公的資金が不足し，公共事業や地域整備への投資が縮小しつつある。これを是正するには膨大な個人金融資産を消費と投資に回し，生産と雇用を拡大する必要がある。特に，個人資産を身近な地域の地域づくりに有効活用できる「まちづくり会社」の設立など，新しい投資システムの開発と，地域住民が投資しやすい環境整備が求められる。

こうした個人投資を呼び起こす仕組みづくりは，地域の発展と地域づくりへの参加意識を高めるためにも有効に作用するであろう。地域に対する住民の愛着度が観光客の訪問地域への評価基準となる時代である。地域住民による戦略的な地域マーケティングと投資は，地域経済の振興と地域アイデンティティの向上に寄与すると考えられる。

4）国の責任で行うべき国土全体に関わる社会基盤整備

　地域住民による地域環境整備への投資システムの構築は，これからの観光まちづくりには欠かせない。しかし，分権化時代とはいえ地域住民や自治体が自助努力で行える地域整備には限界がある。個性的な住み良い地域づくりは自助努力によるものである。しかし，高速道路網など広域の地域間を水平的にネットワークする社会基盤整備は，小さな自治体には無理である。全国的な波及効果があり，将来にわたり国民にとって必要不可欠な国土全体に関わる社会基盤整備は，国の税金で整備すべきである。国が行わねばならない社会基盤整備を財政的に弱い地域に肩代わりさせるべきはでない。

　その際，アメリカ合衆国のインターステイト・ハイウエーのように，採算性のあるところは有料道路として建設する一方，採算性のない国土幹線は税金で建設し無料にして地域振興に役立てる考え方が参考になろう。経済合理性や採算性を強調すれば，既存の社会基盤が相対的に整っており，経済・社会・政治行政・文化活動の活発な大都市部が有利になる。それでは東京一極集中を加速させるだけである。その結果は，新たな時代に対応した地域づくりを不可能にする。

5．地域資源を活用した観光地・地域づくりに関する先進事例

　地域資源を活用した地域づくり・観光地づくりは近年各地でみられるようになった。そこでは地域に暮らす人々が地域の将来に夢を描き，地域に誇りを持って生活し，地域づくりを行っている。

　たとえば，「小江戸・川越」として蔵づくりの街並みを活かした川越市や，「観光資源は『暮らしぶり』」[4]と潤いのある美しい町並みづくりで観光客を集めている長野県小布施町がある。また，花や水辺環境を活かしてまちづくりを行う北海道恵庭市，雄大で美しい北海道の農業景観が売りの美瑛町，美しい農業景観と雄大な山岳景観が織りなす景観を守り，別荘地や豊かな生活空間づくり・観光に役立てようとする群馬県嬬恋村[5]（写真2-4），古い町並みを保存し地場の生産物を活かそうとする愛媛県内子町[6]などの例もある（写真2-5）。

写真 2-4　群馬県嬬恋村の農村景観

写真 2-5　愛媛県内子町・なまこ壁の町並み

　さらに，熊本県の黒川温泉は，温泉地全体を一つの旅館に見なして地域づくりを行った強烈な「共生・共同体意識」によって，旅行情報誌の「行ってよかった」温泉人気ナンバーワンを獲得している[7]（写真2-6）。
　次に，その先進事例として川越と小布施の地域づくりについて見てみたい。

写真2-6　熊本県黒川温泉

1）歴史を活かした川越のまちづくり

　東京30km圏に位置する川越市は，東京からの都市化圧力の強い近郊都市である。こうした都市で個性豊かな地域づくりを行うことは，一般的にはかなり困難であるといえよう。それにもかかわらず，川越市は「小江戸・川越」としての地域アイデンティティを確立し，多くの観光客を吸引する。そこには歴史的に価値ある空間（舞台）を町衆（役者）と行政や市民・外部支援者が一体となって活かし，地域づくりを行った背景がある。

　川越では1970年代に入ると，蔵造りの伝統的なまちなみ（写真2-7）を保存する動きが出てきた。初期の段階は，結果として文化財の視点から行政主体による個別保存となった。しかし，それでは伝統的な景観形成を阻害する高層マンション計画に対抗できず，商業地の活性化にもつながらない。その流れを変えたのが1983年に設立された市民団体の「川越蔵の会」である。

　「川越蔵の会」は，文化財優先の街並み保存を「商業活性化による景観保存」に変えた。そして，「自己の商業力なくして歴史的建築物の維持はあり得ない。現代の店舗展開に歴史的建築物を最大限利用しなければ，町並み保存は成り立たない。」との理念で，地域経済の活性化から住環境整備をも含む幅広い地域

写真 2-7　川越のまちなみ

づくりを始めた[8]。その結果，以下の連鎖反応が生じ，まちづくりに弾みがついてきた。

　川越市では前述のように，蔵造り商家を市の文化財に指定し保護してきた。それに対し，地元商店街ではコミュニティ・マート構想策定事業を契機にまちづくりに取り組み始めた。そして自主組織としての「町並み委員会」を組織し，町並み保存とまちづくりの自主協定「まちづくり規範」に基づき，まちづくりの実践を始めた。その結果，川越市中心部に，蔵造り商家（写真 2-8）を中心にした川越の伝統的な建物形態が住環境保全・商業振興の視点から新築時に再現され，徐々に今日見るまちなみへと整備されてきた[9]。

　伝統的なまちなみが破壊される危機に際し，川越には行政に頼らず「自らのまちの資源」を発見し育てようとする人々がいた。そして，それらの人々が行政と協調しつつ外部勢力を結集して「川越蔵の会」を組織し，新たな活動に入ったことではずみがついた。その結果，大都市近郊という地の利もあるが，地域内外からその資源を利用して生活の糧を得ようとする人々が現れてきた。また，内発的に，さまざまな活動が行われるようになった。

　東京近郊の川越およびその周辺には巨大な人口集積があり，それはこれまで

写真 2-8　川越市・蔵造りの商家

伝統的な景観を破壊する都市化圧力であった。しかし，まちなみに魅力を付加することによって，この巨大人口集積が観光客吸引力の原資となっている。すなわち，川越は，歴史的地域資源を活かした中心街の景観修復・地域再生を実施する際，経済的に成り立つ買物客・観光客を吸引できる環境にある。そのため川越の街並み修景手法はそのまま地方都市に一般化できない側面を持つ。しかし，他方で近郊都市ゆえに宿泊客が少なく，リピーターも得にくい状況にある。それぞれの地域特性・地域環境を活かした地域づくりが求められる。

2）地域住民を豊かにした潤いのある小布施のまちづくり

1960年代までの長野県小布施町は，観光資源もなく観光客もいない，人口1.2万の北信濃の農村であった。それが今日では年間100万人の観光客を集める地域になっている。それは過去30年間に，「葛飾北斎」，「小布施栗」，「潤いのある町並み」をキーワードに，地域の人々が住み良い地域づくりをしてきた結果である。

小布施には幕末の浮世絵師・葛飾北斎が晩年，長期滞在している。そのため，北斎の肉筆画が小布施の財産家に多数残された。小布施の観光地化への出発点

写真 2-9　長野県小布施町・北斎館

は，各戸に残る北斎の肉筆画を集めた「北斎館」（写真 2-9）の開館（1976 年）にある。北斎館開館への動きは，1966 年にモスクワの旧ソ連国立美術館で開催された「北斎展」に小布施で個人所有されていた北斎の肉筆画を展示し，一躍脚光を浴びたことに始まる。

　しかし，当初の北斎館開設の目的は，観光施設としてではなかった。長野市近郊の小布施には当時，活発な宅地分譲によって新住民が増加し，新旧住民問題が惹起していた。そこで町民の共有する文化的シンボルとして葛飾北斎をクローズアップすることで，新旧住民の意識をひとつにすることが求められた。また，世界的に著名な北斎の肉筆画を個人的に分散所蔵することは文化財保護の視点から問題がある。専門施設への収蔵で破損と散逸を防ぎ，市民が日常的にこうした地域資源を鑑賞することで，市民による地域文化の共有が可能となる。

　以上の目的を達成すべく，小布施町土地開発公社が町有林の宅地開発・分譲で得た利益余剰金 5 億円を活用して，財団法人の北斎館が設立された。初年度（1976 年）の入館者は 5 万人であったが，1983 年には 10 万人となり，2001 年度には 34 万人を数える。当初は地域住民が快適に生活できるまちづくりを

目的に設立された北斎館であったが，結果的に多くの入館者を集める観光施設にもなっている[10]。

「小布施栗」は数百年の栽培の歴史を持つ小布施特産の良質な栗を利用した栗菓子で，菓子として200年の伝統を持つという。この栗菓子が北斎館などの来訪者への土産となり，栗菓子店がレストランを併設することによって来訪者の憩いの場も生まれ，地場産業と観光との連携が始まった。

こうした動きの中で，人々の地域づくりへの関心も高まり，「潤いのある町並み」づくりが始まった。1983〜87年には住民生活の快適さと豊かさの実現を目標に，北斎館の北西にある約1.5ヘクタールが官民共同の町並み修景事業として実施された。それはその後，まちづくり運動へと展開し，1986年には『第2次小布施町総合計画後期基本計画』によって，住まい・町並みづくりのガイドライン「うるおいのある環境デザイン協力基準」が策定された。また，1990年には「うるおいのある美しいまちづくり条例・施行規則」が制定され，その後も景観づくりの指針「住まいづくりマニュアル」，「広告物設置マニュアル」(1992年)，「あかりづくりマニュアル」(1996年)の策定や，「生け垣づくり助成金交付要綱」「沿道景観保全に関する指導要綱」が施行されてきた。また，2001年には小布施町の「まちづくり思想」を「都市計画マスタープラン」に集大成し，それに基づく住民主体のまちづくり・観光地づくりが行われている。

小布施町は特色ある観光地として脚光を浴びているが，地域資源を活用して住民の暮らしを向上させた結果としての観光地化である。ここに知識情報化社会における観光政策の鍵があり，その要(かなめ)は町衆の活躍と住民の協力である。小布施ではその役割を1993年設立の第三セクター・まちづくり会社「株式会社ア・ラ・小布施」が担った。

この会社への出資者は，商工会の青年層を母体とする54名の住民と町役場の55名である。事業は農林産加工品の開発販売，まちづくり情報の発信，来訪者との交流，「ゲストハウス小布施」(写真2-10)の運営などで，まちづくりに関する多くの視察者への対応や観光案内所も運営する。会社の理念は町の発展であり，出資者は金・知恵・労力の提供と共に利益もすべて地域に還元し，物心両面から町の発展に貢献している。

写真2-10　株式会社ア・ラ・小布施の経営する「ゲストハウス小布施」

写真2-11　小布施町・オープンガーデンの広報

　小布施では，「地域資源を活かした潤いのある地域づくり」が自分たちの生活を豊かにするばかりでなく観光をも活性化させ，新たな付加価値を生み出すというまちづくり思想を生み出した。その思想は「ア・ラ・小布施」における町衆の努力によって，住民一人一人に自然の形で浸透したといえる。すなわち，各戸が競って花づくり・庭づくりを行い，美しくうるおいのある地域づくり（写真2-11）に努力する姿がある。また，来訪者に個人の庭を開放するオープンガーデンの増加からもそれは知られる。さらに，地域住民による大小16の美術館・博物館・ギャラリー（写真2-12），伝統的菓子店やさまざまなレストランなどの

写真2-12　小布施町・民間ギャラリー

集積に現れている。小布施の地域づくりは，まさに前述の「知恵の時代における戦略的観光政策」を実現した先進例といえる。

6．観光政策・観光研究の新たな展望

　これまでの観光政策は，大きく見て二つの立場から行われてきている。一つは，ホテルやツーリストなどの観光業者や開発者の立場・視点からの観光政策である。他の一つは，地域社会や旅行者の立場からの観光政策である。
　以上の二つのうち，工業化社会では前者の立場から政策立案されていた。その結果，経済効率優先・先端技術優先で，自然環境や地域文化を破壊してきたといえよう。しかし，知識情報化社会では後者の立場からの政策を優先させることが大切である。そのためには，人・空間・支援システムを三位一体化させ，地域社会の発展と調和を目指した観光政策が不可欠となる。
　観光の時代に対応した活力ある都市・地域形成の実現には，一般に，観光を業(なりわい)とする人物が主役を演じてきた。しかし，今後はそれ以外に，広く市民を含めた当該地域の人々が主体になる必要がある。

しかし，人だけで観光は成り立たない。観光地たる空間が必要である。すなわち，広域から人を吸引できる個性的で魅力ある文化・芸術創造空間としての都市・地域に価値が求められる。こうした文化・芸術創造空間は，逆説的であるが，それを軍事力などで破壊しようとした時，破壊から守らねばならないと不特定多数の人々が阻止行動に立ち上がる空間（都市・地域）である。こうして考えたとき，これからの都市は何をもって観光都市とするか，個々の都市がどのような都市づくりをするのか，それが問題となる。

　地域活性化を促す観光政策には，人と空間に加え，それらを支援する観光関連業者や行政その他の支援システムが必要である。そして，人・空間・支援システムが三位一体化した観光政策を策定しなければならない。そのためには，人・空間・支援システムのそれぞれについて，現状と問題点を評価し，あるべき姿・目標を設定し，それに向かって戦略的課題を示し，政策として実現に努力する必要がある。

　地域資源を活かして生活空間を豊かにすることが，結果として観光吸引力を生み出し，地域を活性化させる。この視点から日本における既存の観光地の再生計画や観光政策・観光研究も考える必要がある。

　観光が21世紀の重要産業と考えられる中，日本では多くの観光地で入り込み客・売上高が減少しつつある。他方で，高速交通の発達や自家用車の普及により，日帰り観光客や個人・グループ客が増加している。また，旅行が特別なものでなくなる中で，かつてのように旅行者が安価な土産をたくさん買って知人に配ることも減少した。しかし，多くの観光地では依然として旧来型の土産物店が多く，街を歩いても何ら感動を受けない。また，観光地の活性化も旧来型の観光資源の開発や整備が中心で，人間行動への視点や時代の変革期に対応した経営哲学に欠けたものが多い。

　たとえば，既存観光地にある多くの店舗は，土産物店として菓子・漬物や人形，Tシャツ，身の回り小物類などを販売する店が多く，観光振興計画の多くもそうした店舗展開の充実を提案している。その背景には，高級専門店は大都市の都心商店街に立地するものとの既成概念がある。

　しかし，観光の国際化が進む情報化社会にあっては，高級買い廻り品を観光

という非日常の中で購入する人々の増加が見込まれる。かつては居住地近くで購入していた洋服や耐久消費財であるが，今日では気に入ったものと出会った時点で国内外を問わず購入する人が増加してきた。欧米主要都市における日本人観光客の高級ブランド品購入エネルギーを見るにつけ，観光地という非日常空間における旅という非日常行動に関する総合的研究が必要といえよう。

　観光地における高級専門店集積型の中心街形成は，観光地のグレードアップと消費拡大に結びつく。また，それは地域間の格差是正につながる政策へと展開できるのではないか。軽井沢プリンスホテルの高級アウトレットモールが新たな顧客を生み出している。東京・丸の内地区におけるオフィスビル1階の高級ブティック街化や，丸ビル・新丸ビルをはじめとする超高層ビルへの建てかえによるグルメやファッションの大型商業スペースの創造が，東京・丸の内という無味乾燥な業務街を一大商業観光ゾーンに変えてきている（写真2-13，2-14）。こうした動きは，水平ネットワーク時代における大都市と地方都市との格差解消の動きの一端で，国際観光競争が激化する中で，高級品購買行動を観光資源化する必要性を示している。

　以上の研究には，まず観光地における消費者と経営者の両サイドから，消費購買動向意識とその変化を把握し，消費者と経営者の間に存在するギャップを明らかにしなければならない。顧客吸引力の強い都心商店街の実態から，観光地における高級専門店街に必要な機能や施設・構造を考察することで，それはある程度可能となろう。また，非日常性を活かした購買行動のあり方とそれに伴う消費拡大政策を明確にすることが求められる。また，これまでの中心商業地の研究や政策では，観光地の中心街形成と一般の都市における中心市街地形成は別の概念で捉えられてきた。しかし，知識情報化社会ではそれらを一体として地域形成を行うべきであろう。そのための知識情報化社会における購買行動の基本原理を見出す研究が求められている。

　著者は，20世紀型都市の特色として「都市空間の立体化」による「建物の街化」を明らかにしてきた[11]。21世紀型都市はそれによって失われた「歩いて楽しいまちなみ」を20世紀型都市に付加していく必要があると考える。たとえば，今日の観光地は，ホテルの立体高層化による建物の街化で，中心街を

写真2-13 東京・丸の内中通りの街並み
高層ビルの1階が連続して高級ブティック街となっている。

写真2-14 東京・丸の内中通りの高層ビル1階に入居する高級店

衰退させている。それを再生させるには、街化した建物相互間のまちなみを整備することによって、ホテルなど街化した建物から人々を再び公共道路に吸引できる、歩いて楽しいコンパクトな中心街づくりが課題となる。そのために

は，歩いて楽しいコンパクトな中心街づくりのあり方や，建物の街化した地域における交流空間形成の方策を明らかにする研究が必要である。つまり，20世紀型地域構造と21世紀型知識情報化社会における人間行動とのギャップを埋めるため，従来の研究とは逆転の発想で，観光地における中心街の構造や機能，そのあり方を考える必要性がある。

　これからの観光政策には，地域に生きる人々の生活を豊かにする，地域資源を活かした地域づくりの思想が欠かせない。こうした人間行動を資源化する開発手法は，時代の変革期における都市再生手法に結びつけることもできよう。すなわち，今日では都市観光が人々の交流を生みだし，物・金・情報の結節を高めることから，都市観光が都市政策そのものになってきた。単に従来型の観光現象を捉えた観光政策はもはやあり得ない。時代の変化に対応しつつ，地域資源を活かした潤いのある地域づくり・都市づくり・地域政策そのものが観光政策である。もはや観光政策と地域政策・都市政策を切り離して考えることはできない時代になっている。

〔注〕
1) 国土庁（1998）『21世紀の国土のグランドデザイン－地域の自立の促進と美しい国土の創造－』国土庁．
2) 戸所　隆（2000）『地域政策学入門』古今書院，242p．
3) 戸所　隆（2002）「コンパクトな都市づくりによる都心再活性化政策」季刊中国総研 6-1，pp.1-10．
4) 木下　豊（1998）「観光資源は「暮らしぶり」」『観光地づくりの実践1』所収，日本観光協会．
5) 戸所　隆（2002）「大都市化・分都市化時代における嬬恋村の土地利用制度導入政策」地域政策研究（高崎経済大学）4-3，pp.1-28．
6) 埴原朋哉（2002）「住民意識を反映した小地域単位のまちづくり－愛媛県内子町を例に－」愛媛大学地理学教室卒業論文（未発表）．
7) 熊本日日新聞情報文化センター（2000）『黒川温泉　急成長を読む』熊本日日新聞社，224p．
　　なお，日本経済新聞社の調査（2002年）でも，黒川温泉は行ってみたい温泉の第一位である．
8) 宮崎正美（1999）「歴史を活かしたまちづくり」ESPLANADE（INAX）50，pp.4-8．
9) 川越市教育委員会（2000）『未来に生きる町並み』川越市，10p．

川越市政策企画課（1999）『川越市中心市街地活性化基本計画』川越市，64p.

溝尾良隆・菅原由美子（2000）「川越市一番街商店街地域における商業振興と町並み保全」人文地理 52-3，pp.84-99.

　なお，川越市に関しては，立教大学観光学科の溝尾良隆教授や 2002 年 10 月に開催された関東都市学会川越大会に際し，川越蔵の会メンバーや市の職員各位にご教示賜った。

10）小布施町企画財政課『小布施町の概況（平成 14 年版）』

　　前掲 4）．

　なお，小布施に関しては 2003 年秋の調査時に小布施町役場企画財政課の呉羽勝正課長からさまざまな情報提供を賜った。

11）戸所　隆（1986）『都市空間の立体化』古今書院，242p.

第3章

高速交通環境の整備に伴う観光地域政策のあり方

1. 交通の発達による都市形成と観光地域政策の問題点

　交通は手段であって目的ではないが，都市の発達に交通の果たす役割は大きい。そのため，不特定多数の人々が集うことで形成される観光地域も，時代に対応した交通機関の整備が欠かせない。しかし，新幹線・高速道路・航空機などの高速交通機関が整備されても，それによってもたらされる環境変化を的確につかみ，それを都市形成・観光地づくりに活かさねば，その地域は衰退することになる。本章では，交通の発達に合わせた地域政策への転換の必要性を歴史的に概観し，交通機関の特性を活かした地域づくりについて考える。なお，交通の発達と都市形成の関係は，基本的に世界共通であるが，ここでは日本を例に論じたい[1]。

1）交通の発達と都市形成

　① **徒歩交通時代**　日本では明治初期までが徒歩交通中心の時代であった。この時代の主な都市（中心地）は，城郭や市町村役場・県庁など政治・行政機構の所在地や宿場町，鉱山集落であった。都市には当該都市およびその周辺地域への物資供給・サービス機能が立地するため，都市周辺にはサービス圏域としての都市圏が形成された。

　徒歩交通中心時代における中心地のサービス圏は，せいぜい半径5〜7kmである。人間の一日に歩ける距離は，概ね20km程度となる。東京ー京都間約520kmの東海道に53の宿駅を設置したのも，概ね10kmごとに宿場町を置けば半日で次の宿に到着できるからである。また，その中間には自然発生的に小中心集落の形成をみた。このようにして，徒歩交通時代には多数の小規模中心

地が一定の間隔で分散的に立地する構造が形成された。

　徒歩交通時代は農業中心の時代でもあり，その経済圏は小さく，地域間の交流も少なかった。この時代の都市軸・都心軸は，市街地中心部に形成された，他都市に通じる街道である。この街道の両側には 1 〜 2 階建の木造建物が連続的に並び，その中心部には商家が並び，それらが中心商店街・中心商業地へと発達した。

　② **鉄道交通時代**　明治中期になると産業革命によって農業の時代から工業の時代への転換が始まり，鉄道が全国に敷設された。鉄道の場合，道路と異なり駅が設置されてはじめてその恩恵を受けることになる。しかし，鉄道駅は効率性の確保から多く設置できない。そのため，鉄道駅は一部の鉄道忌避地域を除き，駅間距離や他の交通条件，その地域における中心機能の立地状況などを勘案して設置されている。その結果，鉄道駅は概ね 10km ごとに設置したかつての宿場町とその中間に形成された小中心集落へと，JR 線で見る限り概ね 5km ごとに設置をみた。

　鉄道は設置当時の市街地縁辺に敷設されたため，鉄道駅と既存の都心を結ぶ街路（駅前通り）が開設され，それを軸に新たな市街地発達をみた。しかし，線路が市街地拡大の阻害要因になり，近年になるまで駅裏の開発が進まない都市も多かった。他方で，他都市との交流を活性化するために，鉄道駅中心の計画的市街地形成を図った都市もある。それらの都市では駅周辺に中心機能が集積し，新たな広域交流拠点として鉄道駅が観光政策にも大きく貢献した。

　③ **自動車交通時代**　1960 年代後半以降，日本でも自家用車が普及し始めた。自家用車によって鉄道駅・職場・商業地から自宅が離れていても，日常生活にさほど不便を感じなくなった。このため，土木技術と財政力の向上もあって，道路などの基盤整備も進み，安い土地を求め郊外への人口移動が生じた。この結果，1960 年頃より約 20 年間に，日本の市街地面積は平均して 6 〜 7 倍へと急速に拡大している。

　以上の変化は，都市構造・地域構造を変化させ，公共交通の衰退や都市の顔たる中心商業地の衰退を招いた。また，密集市街地にも景勝地にも駐車場の必要性を高め，既存の都市的空間組織全体が再編を余儀なくされ，観光地にも大

きな影響をもたらしている。特に，新しい交通環境に即した土地利用政策や総合交通政策・産業政策などが行われなかった地域への影響が大きい。

④ **高速交通・情報化時代**　1980年代以降，全国的に高速道路や新幹線などによる高速交通体系の整備と情報化が進展し，再び都市的空間組織が変化を始めた。この変化の方向性はまだ明確には見えないものの，全く新しいタイプの都市化・地域づくりが始まり，どこでもそれへの対応が迫られている。

高速交通化によって市民の行動範囲が拡大し，移動頻度も高まった。その結果，これまでとは質的に異なるモビリティの高い社会が構築されつつある。また，情報化の進展で，どこにいても高度な情報が得やすくなり，居住地選択の幅を広げるなど，行動の自由度を高めた。このため，さまざまな面でボーダレス化が進行し，従前の地域的枠組が崩壊しつつある。

たとえば，日本全国，近隣諸国から多くの人々が気軽に東京ディズニーランドや大阪のユニバーサル・スタジオ・ジャパンへ来訪する。その際，東京や大阪で装飾品やカバンなど購買頻度の低い商品をついで買いすることで，日常生活圏内の小売販売力に打撃を与えている。こうしたボーダレス化による地域間競争の激化と共に，人々の居住地域への帰属意識が希薄化してきた。

以上の事態に対応するには，地域アイデンティティやコンセプトを明確にするために，市民意識を高揚し，地域コンセンサスに基づく地域づくりをする必要がある。それぞれの地域が地域資源を活用し，魅力ある地域づくりを行い，高速交通化・情報化を活用して，広域から観光客をはじめ多くの交流人口を吸引できる地域へ構造転換しなければならない。それは現代都市の地域政策課題であり，それなくして高速交通・情報化時代の地域発展は望めない。

2）公共交通の衰退と再編成の必要

観光振興を図るには，自由に人々が交流できるシステムを造らねばならない。それが，ひいてはその地域の政治・経済・文化のあらゆる機能の活性化に結びつく。新幹線や高速道路の整備は，全国的なスケールでの集客システムに関する観光基盤の問題である。同時にそれぞれの地域スケールでの域内での交通問題がある。地方では自家用車の普及によって，公共交通機関の衰退問題が

深刻になっている。

　自家用車の普及は，地元住民の移動性を高め，日常的な人々の行動範囲を押し広げた。しかし，他方で公共交通機関の衰退を招き，自家用車を利用できない人々や，鉄道や航空機で来街した人々の交通手段を奪ってきている。公共交通を整備しない限り，他地域からの個人観光客を受け入れることはできない。

　群馬県は自家用車普及率が日本で最も高い。また，県内の道路事情は比較的良く，自家用車で移動する限り，非常に動きやすい地域である。しかし，大きな観光収入をもたらす宿泊を伴う遠隔地からの観光客は，一般に鉄道などの公共交通機関を利用して来県する。特に，団体観光客が減少し，個人観光客が増加する中にあって，電車・バスやタクシーなど公共交通機関の衰退が進む群馬県は，個人観光客が移動しにくく，優れた観光資源の魅力も減退する状況をつくりだしている。

　交流の時代に魅力を増し，人々を吸引し続け，活性化する都市・地域は，誰もが安心して自由に利用できる便利な公共交通機関の存在する都市・地域である。観光地としての発展には，利便性の高い公共交通機関の整備が，最低必要条件となる。それには多くの困難を抱えるが，協調と連携により，大胆な政策転換を図り，高速交通時代・交流時代に適した環境整備を図ることが緊要の課題である。

3）交通環境の変化に合わせた観光地域政策の必要性

　規格大量生産型の工業化社会を支えてきた中央集権型統治機構が，高速交通・情報化社会への転換の中で，随所において制度疲労を惹起してきた。そのため，社会システム全般にわたる構造改革によって，地域性豊かな分権型社会へ日本を構造転換する必要がある。ここでいう構造改革とは，いわゆる強者の論理・資本の論理優先でなく，弱者の論理・地域の論理優先でなければならない。この課題を国土構造面から解決するには，東京を頂点とする階層ネットワーク型国土構造から，自立した地域が横に連なる水平ネットワーク型国土構造に転換する必要がある。

　水平ネットワーク型国土構造への転換には，地域固有の資源を生かした，個

性豊かな地域の創造が欠かせない。また，地域間に規模や機能の集積度に違いがあっても，高速交通環境を利用して上下関係なく自由に交流でき，どこにいても豊かさを実感できる地域づくり・環境が求められる。しかし，現実には，東京と地方との時間距離が縮まるにつれ，東京を中心とする新たな階層型中心地構造が構築されつつある。その結果，逆にこれまでよりも中心性を低下させた都市も増加している。たとえば，高崎や宇都宮地域では新幹線通勤者が増加したものの，他方で，それまで立地していた企業の支所が東京や大宮駅の位置するさいたま市に吸収・統合され，購買力も高額品を中心に東京への流出を見る[2]。

たとえば長野行新幹線開業直前（1997年9月）の上越新幹線は，東京－新潟間の上り29本中27本が高崎に停車した。しかし，長野行新幹線（北陸新幹線）が開業した10月からは東京－新潟間の上り27本中15本のみが高崎停車で，12本は停車しなくなった。他方で，東京－高崎・越後湯沢間の各駅停車型新幹線は19本運行され始めた。

同様のことが長野行新幹線でも生じた。新幹線が開通するまでの東京－長野間の在来線特急では，上り21本全部が高崎に停車した。しかし，新幹線が開業した1997年10月からは，東京－長野間の新幹線上り24本中14本のみ高崎停車で10本は停車しなくなった。

以上の状態は，高崎市をはじめ群馬県の各界各層の努力により，次第に改善された。すなわち，上越新幹線では現在（2006年6月），東京－新潟間の上り27本中21本が高崎停車で，通過は6本となった。また，東京－高崎・湯沢間の各駅停車型新幹線は1本増加して20本になっている。さらに東京－長野間では上りが3本増えて27本となり，高崎通過は7本に減少した。

しかし，高崎駅に停車しない新幹線は，越後湯沢駅で金沢行き特急に，長野駅で名古屋行き特急へ接続している。そのため，それらの特急に高崎から越後湯沢・長野駅経由で乗り継ぐ場合，ほとんどの新幹線列車が停車駅する大宮駅で乗車する時刻より早い時間の新幹線に乗らねばならないことがある。同様のことが東北新幹線の宇都宮でも起こっている。こうしたことが，企業の支所が高崎・前橋や宇都宮から大宮に集約される要因でもある。また，それが人々の

観光行動にも大きな影響をもたらしている。

　この結果，高崎から東京への利便性は高まったものの，高崎と新潟や長野との交流は以前より不便になった。また，北陸新幹線（長野行新幹線）の開業で，併行在来線の信越本線篠ノ井－軽井沢間は第三セクターの「しなの鉄道」となり，軽井沢－横川間は廃止されたため，群馬・長野両県間の地域間交流は極端に不便になった。その反面，長野・新潟－東京間では，高崎を通過する直行便によって時間距離が短縮され，在来線特急時代より本数も増加したため，相互の交流が深まっている。

　こうした高速交通のダイヤ構造にあっては，東京への，いわゆるバキューム効果やストロー現象が生じる。かつて東海道新幹線の開通で岐阜市や静岡市の地位が相対的に低下したが，そうした現象が高速交通時代になって全国的に広がってきた。すなわち，高速交通の整備によって，交通結節性の強い拠点都市ほど人口をはじめ諸機能の吸引力が高まり，これまで以上に東京集中現象も顕著になってきている。

　以上の現象は東京と地方の間だけでなく，地方ブロック単位でも広域中心都市など中心性の高い都市への集中現象が起こり，都市間格差が拡大しつつある。たとえば，東北地方においては高速交通環境の整備によって仙台一極集中を惹起させた。また，秋田新幹線や秋田自動車道の開通により，秋田の中心性が盛岡に吸収される現象も生じている[3]（写真 3-1）。

　しかし，情報化社会の交流形態はそうした特定の地域との階層的な結合でなく，あらゆる地域が互恵平等に交流する必要がある。全方位結節性を持つ空港としての特性，物流に効果を発揮する高速道路，近中距離間交流に優位な在来鉄道の高速化，長中距離地域間の大量の人の流れを可能にする新幹線など，高速交通機関にはそれぞれの特性がある。そのため，それらが地域に与える影響の違いや特性を十分に勘案して高速交通環境整備とそれに対応した地域政策を立案することが求められる。

　高速交通網を利用する人々の大半は，東京をはじめとする大都市居住者である。新たな高速交通網を使い，東京や大都市の人々や機関・組織が地方への影響力を増強・拡大してきている。高速交通網の整備によって，地方の交通利便

写真 3-1　JR 秋田駅
秋田新幹線開業で駅周辺は再開発されたが中心性は低下。

性は確実に増したが、現実には以上のような問題を抱えている。換言すれば、地方のエキスを東京をはじめとする大都市へ吸収するシステム造りが高速交通網の整備であったようにも見える。こうした高速交通環境の整備によって生じる問題を解決するには、時代の変化と高速交通環境の整備に対応した産業・社会・生活構造に当該地域を転換させねばならない。その地域に高速交通を生かすための新たな地域的枠組みを構築する必要がある。

しかし、多くの地域では高速交通機関の開通で地域は自動的に発展すると考え、高速交通機関の誘致には熱心だが、開設に伴う地域構造の転換にまで努力を傾注する地域は少ない。そして従来の地域政策・地域的枠組みのままで、高速交通の開通を歓迎することに終始してきた。その結果、高速交通のバキューム効果・ストロー現象によって、地方の中心機能が東京や他の大都市へと移転

写真 3-2　高崎駅周辺の区画整理とマンション建設ラッシュ

し，当該地域に空洞化・衰退化をもたらす事態が多発している。それを避けるには，新しい高速交通環境に対応した当該地域独自の地域政策が必要となる。

なお，高速交通でも新幹線，高速道路，航空機に応じて地域政策上の対応を変える必要がある。新幹線は東京と地方を放射状に結節させる構造を持つ。また運行ダイヤにしても，いかに地方と東京とを短時間でつなぐかに主眼がおかれ，地方都市間のつながりは軽視されている。東海道・山陽新幹線の駅周辺を見ると，新幹線の本来の機能を活かした業務機能の集積が多く見られる。その中にあって，新幹線による東京 1 時間圏にある駅周辺には，新幹線通勤をもくろんだ住宅地開発やマンション群の建設が顕著となる（写真 3-2）。

新幹線の機能と影響力を考えれば，国土の均衡ある発展政策に正面から向かう地域政策がもっと立案されるべきであろう。このことについては以下で考察してみる。

2．高速交通環境整備に伴う地域政策の転換とその方向性

1）地域間競争に役立つ高速交通政策の必要性

高速交通による地域関係圏の拡大とボーダレス化の進展は，地域固有の資源

を活かした個性豊かな地域創造を求めている。また，地域間での規模や機能の集積度に違いがあっても，上下関係なく横に連なる水平ネットワーク型地域構造への政策転換が，高速交通を活かす形で必要となる。地域間における時間距離の縮小が，どこにいても豊かさを感じる地域づくりの実現に結びつかねばならない。それには次代を担う人材の確保・養成を行い，それらの人々が活動しやすい交通環境と魅力ある地域づくりが不可欠となる。

人材の確保・養成には，時代の変化と高速交通環境の整備に対応した産業・社会・生活構造に当該地域を転換させる必要がある。特に，多様な考えを受け入れる環境が重要となる。東京発の情報や考えを必要以上に重視したり，東京に居住したり勤務する人を地元在住者の上に置こうとする意識構造の是正が必要となる。他方で，まだ全国どこでも見られることであるが，旧来の地域的枠組みや人的関係に縛られ，特定の人の意見ばかりが社会的に受け入れられる社会構造の是正も不可欠である。

地域構成員が互恵平等の立場で知恵を出し合い，時代に対応した産業・社会・生活構造を築ける環境が重要となる。そのことが高速交通によって時間距離を短縮したことと自然環境の良さや地価の安さなどと相まって，日本のみならず世界各地から人材を当該地域に吸引し，新産業を生み出し雇用を確保することにもなる。また，その魅力が地域資源を活かした観光産業をも活性化させることにつながる。

人々が活動しやすい魅力ある交通環境地域を造るには，快適で利便性の高い中心都市の育成と，行きたいところにスムーズに行ける交通条件整備が欠かせない。高度情報化社会の実現でそうした環境整備が進み，地域格差も縮小できる方向にある。しかし，高速交通環境を活かした地域構造への再構築は，新時代に対応すべく意識的に行わない限り実現しない。また，その実現がこれからの地域間競争の成否を握ることになろう。

そうした視点からみると，高速交通環境を活かせていない地域が多い。たとえば，後述する上越新幹線上毛高原駅は，他地域に比べ必ずしも強烈な誘致運動の結果として高速交通環境が整備されたわけでない。古代から地勢的に太平洋岸と日本海岸をつなぐ重要交通路にもなっている。その地理的条件ゆえ

に，いわば棚ぼた的に幹線高速交通が設置されてきた。そのため，上毛高原駅の位置する地域の人々には，恵まれた高速交通環境を新たな地域づくり・観光政策に役立てようとする強い意思が感じられない。そうした地域においては，意図して高速交通を生かす新たな地域的枠組みづくりをするための，地域独自の政策立案が緊要の課題である。

2）国際標準に基づく都市づくり・高速交通環境整備

日本政府は「外国人旅行者訪日促進戦略」の一環として2002年より「ビジット・ジャパン・キャンペーン」を始めた。外国人観光客を誘引するためには，日本人・外国人を問わず誰でも動きやすく空間認識のしやすい，国際標準の都市づくり・高速交通環境整備が求められている。そのことが，国際化・情報化の進展する中で，魅力ある都市・観光地創造の前提になる。

国際標準の都市づくりは，災害時にも避難行動をとりやすく，国内外を問わず外部からの援助もスムーズに受けられる。これは阪神・淡路大震災の際に，国際援助を必ずしもうまく受け入れられなかった教訓でもある[4]。国際標準化はさまざまな点で行わなければならない。国際標準の総合観光情報ステーションを適宜配置し，観光客が初めての土地でも移動しやすい道路標識・サインおよび道路地図を設置・作成・配布することも具体的な課題である。

国際標準に基づく都市づくり・高速交通環境整備を考えるにあたり，アメリカ合衆国のシステムは大いに参考になる。アメリカ合衆国では一定の基準さえ知っていれば，初めての土地であっても迷うことなく移動できる。それは，多人種多民族国家であり，たとえ英語がわからなくても国際標準のサイン計画によって移動可能なシステムを構築し，それをマニュアル化しているためである。こうした努力が，世界中から多くの人を引きつける基礎を成し，アメリカ合衆国の魅力を高めてきた。

たとえば，アメリカ合衆国では，都市間を結ぶ州間自動車専用道インターステイト・ハイウェー，国道，州道，その他すべての道路に，一定の法則に基づく路線番号が付けられている。すなわち，主として東西方向に走る道路には偶数番号，南北方向の道路には奇数番号が付く（写真3-3）。また，道路番号標識

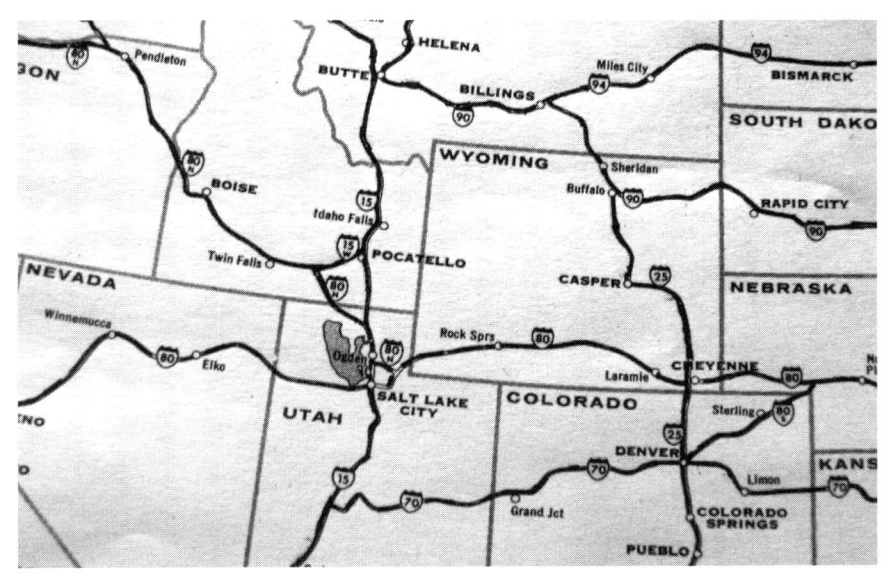

第 3 章 高速交通環境の整備に伴う観光地域政策のあり方 57

写真 3-3 インターステイトの路線図
(*Road Atlas* Rand McNally より)

には東西南北が併記されており，どの方向に向いて走っているのかがわかりやすい。

　都市内の道路にはすべて愛称名がつけられる。路線距離の長い街路の場合，たとえば写真 3-4 はノースカロライナ州の州都・ローリーの都心であるが，EDENTON ST. を境に PERSON ST. が南部 S と北部 N に分けられ，そこから若番順で番地が街路に付けられている。これによって，東西南北等の方位もわかる。住所表記が日本では街区単位であるのに対し，アメリカでは街路単位であることにもよるが，街路名があることによって，現実に位置が確認しやすい。なお，こうした愛称を付ける場合も，都市によって東西方向は山の名前，南北方向は鳥の名前などと統一しているところが多い。

　以上のように道路に路線番号と愛称を付けると同時に，それらを一定の基準の下に記載した道路地図が作られ，入手もしやすい。したがってその地図を手にすれば，外国人を含め，誰でも全国どこでも迷うことなく移動できる。これ

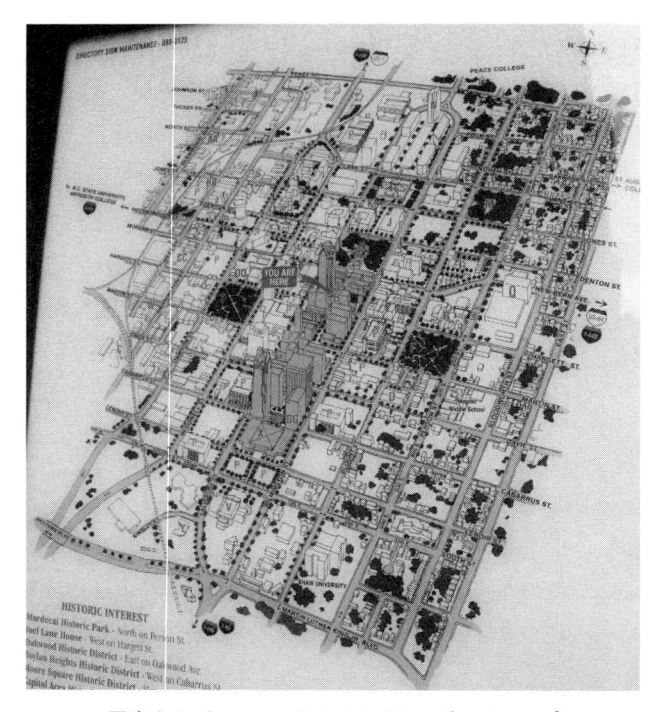

写真3-4 Downtown Raleigh NC のガイドマップ

に対し，日本では道路標記システムも十分確立していない上，地図の精度もまちまちで，わかりにくい。観光案内図といえばイラストマップが多く，どんな観光資源があるかはわかるが，距離と方位が不正確なためそれを基に移動することは難しい。初めての土地でも安心して動き回れる国際標準のシステムを確立することが，国際化・情報化・高速化時代の観光振興には必要である。そして，こうしたシステムの確立は，単に観光だけでなく，都市生活そのものを豊かにする基盤にもなる。

　知識情報化社会では定住生活を基本としつつも，これまで以上に移動型社会に移行するであろう。このような状況の中で，実際にその地域を知ってもらうことが，交流のためにも，安全保障のためにも大きな意味を持つ。これからの観光政策は，日本のみを対象とせず，国際的視点から考える必要がある。その

ためにも，東京だけでなくどこの地域においても，外国人を含め域外の人を快く受け入れられる国際標準のシステムを構築し，都市づくり・地域づくりすることがその基盤となる。

3．高速交通環境に対応した地域構造構築の必要性

　高速交通の開通は，他都市との関係や設置された地域の環境を根本的に変える力を持つ。そうした影響を的確に予測し，対応策を開業前から準備するか否かで，開業後の高速交通の地域への貢献度は大きく異なる。ここでは，上越新幹線・関越高速道路が開通した群馬県の利根沼田地域と，北陸新幹線・上信越自動車道が開通した長野県の佐久地域を比較しながら考えてみたい。

1）受動的に高速交通網を受け入れた利根沼田地域の混乱

　上越新幹線は1982年11月に開通し，利根沼田地域では月夜野町（現・みなかみ町月夜野地区）に上毛高原駅が開業した。また，関越自動車道新潟線は1985年10月に開通し，利根沼田地域には沼田・月夜野・水上の3インターチェンジが設置され，1997年には昭和インターチェンジの設置を見た。さらにこれらに接続する一般道路の整備や，国道17号月夜野・沼田バイパスも建設され，利根沼田地域は過去20年間に高速交通体系の整備が進んだ。

　北陸新幹線（長野行新幹線）は建設時から並行在来線をJR本体から分離する原則が出され，信越本線の篠ノ井－軽井沢間は長野県を主体とする第三セクターの「しなの鉄道」に転換し，軽井沢－横川間は廃止された[5]。しかし，それ以前に開業した東海道・山陽新幹線，東北・上越新幹線の並行在来線はJR本体で営業しており，利根沼田地域ではJR上越線には普通列車のみならず上野（東京）－水上間に特急列車が上下6本設定されている。また，長距離寝台特急や貨物列車の幹線ネットワークの一翼も担っており，線路が分断された旧信越本線沿線に比べ恵まれた環境にある。

　ところで，上越新幹線上毛高原駅はいわゆる請願駅でなく，JRの資金で建設された。しかし，上毛高原駅は在来線と結節しない，これまで全く都市的

写真 3-5　山間部へ立地した上越新幹線上毛高原駅

施設のない山間部への立地であった（写真 3-5）。上毛高原駅の 10km 圏内には三つの高速道路インターチェンジと四つの JR 上越線の鉄道駅があり，国道 17 号（東京－新潟）も至近を通過する。そのため，上越線沼田・水上駅を核に鉄道・バス・タクシーが結節したかつての利根沼田地域の地域構造は，玄関口の分散化によって崩れた。しかも，バブル経済崩壊以降の経済不況で観光客が減少し，高速交通の発達で東京からも数時間で往復できるようになり，日帰り客の増大など滞在時間の減少も招いている。また，上越国境地域における交通結節性を JR 上越線・新幹線・北越急行ほくほく線の結節する隣接の越後湯沢駅に奪われ，観光客のストロー現象も見られる。

　すなわち，上毛高原駅の一日乗車人員は 1987 年の 835 人から 1991 年には 1,109 人にまで伸びたが，その後減少に転じ，2007 年には 740 人になっている。また，在来の上越線沼田駅の場合，1985 年の一日乗車人員 3,851 人が 1990 年には 3,067 人，2007 年には 2,041 人まで減少し，水上駅でも 1985 年の一日乗車人員 1,235 人が，2007 年には 612 人まで減少している。

　この利用者数では，新幹線駅の開業にあわせて設置された観光センターなどの維持は難しい。また，各駅から利用客を観光地などの目的地へ輸送するバス路線も本数を十分に確保できないため，ますます利用客が減少する結果を招い

てきた。さらに，かつてほとんど見られなかった自家用車遠距離客が高速道路の開業で増加し，鉄道利用客を減少させ，アクセスルートの分散化を進めてきた。インターチェンジ（IC）別の一日平均出入交通量（1998年）は，沼田ICで10,711台，月夜野ICでは5,510台，水上ICでは4,025台である[6]。

　新幹線駅や高速道路インターチェンジが建設されるだけでは，地域発展は約束されない。時間距離が短くなることで，より大きな都市へ当該地域の資源が吸引されたり，単なる通過地点になることが多い。高速交通機関の特性を十分に認知し，それにあった環境整備を高速交通機関開業前に整えることが不可欠である。上毛高原駅の場合，地元が積極的に誘致したわけでもなく，建設費を出したわけでもない。そのため，駅を活かした地域振興意識が低く，玄関口が分散化したことで交通結節性が低下したこともあり，高速交通環境整備が必ずしも地域発展につながらない面もある。

　こうした状況を改善するには，市民意識を高め，高速交通環境を活かすべく隣接地域との十分な連携を行う必要がある。上毛高原駅の15km圏内には，約5万人の沼田市と約10万人の後背人口が存在する。この15km圏の面積は，仙台市や広島市の市域面積に相当する。それは15km圏程度なら地域全体を一体的な空間として開発可能なことを意味する。この地域には，水上温泉郷や谷川岳・利根川源流など多くの山岳観光地が存在する。また，山間地域でありながら，国道17号・120号をはじめ地域間連絡道路はかなり整備されている。高速交通環境に対応した連携型の広域地域構造に利根沼田地域全体を再構築し，観光客などの交流人口の増大を図ることも可能となろう。

2）積極的に高速交通網を活用した佐久地域の急成長

　佐久（さく）地域では1993年3月の上信越自動車道・藤岡IC－佐久IC間の供用で高速交通時代が幕を開けた。これによって東京－佐久は110分で結ばれた。また，佐久インターチェンジで結節する中部横断自動車道・佐久市－八千穂（やちほ）村間（22km）も1991年12月に基本計画路線が決定しており，佐久IC周辺の経済価値は大いに高まった。上信越自動車道は1996年12月には長野自動車道と接続し，関西方面と高速道路で直結した。

写真 3-6　佐久平駅と大型ショッピングセンター

　他方，北陸（長野行）新幹線・高崎ー長野間は 1997 年 10 月に開通し，同時に佐久平駅が開設された。北陸新幹線は当初，高崎ー軽井沢間のみフル規格で建設し，他の線区は在来線を改良したスーパー特急方式になる予定であった。その場合，佐久市に新幹線が通ることはなかった。しかし，長野市での冬季オリンピック開催が決まり，高崎ー長野間全線がフル規格に変更された。そのため，新たな路線を設定する必要が生じ，小諸・佐久両市の激しい新幹線駅誘致合戦の末，佐久平駅の建設が決まった。

　北陸新幹線佐久平駅の開業に合わせ，新幹線と交差するJR小海線も駅周辺が高架となり，新幹線佐久平駅に小海線の駅も新設された。また，佐久平駅周辺における複数の国道バイパスの建設・整備や上信越自動車道佐久 IC との一体化が一気に進んだ。これにより，信越本線の特急列車がほぼ 30 分おきに発着し，小海線や国道 18 号との交通結節性を誇った城下町小諸の優位性が低下した。代わって佐久平駅周辺の交通結節性が高まり，地域の変貌は著しい（写真 3-6）。

　こうした変化の背後には市民意識の高揚がある。すなわち，1972 年の新幹線駅誘致請願に際しては佐久市内有権者の 9 割が署名し，1988 年の「佐久駅

ルート実現市民総決起大会」には市民1万人が参加している。また，駅舎の形態や地元負担についてもさまざまな協議が行われ[7]，地元の提言・意見を採り入れたまちづくり計画とその実現を図ってきた。

すなわち，佐久市は新幹線開業前に他の市町村をも視野に入れた広域計画を策定し，都市の将来像を「浅間テクノポリスの一翼を担う先端技術産業都市，地域中核文化都市，広域観光ネットワークの拠点都市」とし，新幹線駅周辺の位置づけとして，「整備効果を最大限に受け止め，他の主要プロジェクトと補完し，佐久市の将来像を具現化する地区」と位置づけた[8]。また，目標達成の具体策として「豊かな自然環境と周辺に点在する集客力のある地域の中心に位置していることが，佐久市の持つ最大の資源であり，それを十分に活かした開発が新幹線駅周辺地区には必要であ」り，「高原都市のイメージをまち全体で表現することにより，日本に類のないリゾート地の玄関口」を創出することを目指した。その結果は，以下の地域づくりとなって現れている。

佐久平駅舎の当初計画は，南口開設のみであったが，地元の提言と負担によって，次のように変えた。①橋上駅とし南北駅前広場と自由通路を設置し，②JR小海線の接続新駅（全額佐久市負担）を造り，③駅舎は画一的な新幹線駅ではなく，国重要文化財の「旧中込学校」をモチーフに雄大な山並みと調和させるべく三角屋根の外観とし，山岳自然景観が眺望できる展望デッキも設置した。また，④地域住民共同利用都市施設として「プラザ佐久」を駅舎に合築し，レストラン・市民のふれあいスペース・「FMさくだいら」スタジオ・物産販売所・観光案内所・休憩コーナーなどが設置された（写真3-7）。

駅舎周辺では農協の協力を得て，60ヘクタールの土地区画整理事業が実施され，アートビレッジが構想されたが，結果として売場面積5万㎡超の巨大ショッピングセンターが建設された[9]（図3-1）。そこへの休日の来街者は5万人を数える。また，佐久平駅の利用客も上毛高原駅の5倍強の一日4,500人であり，定期券利用者も460人いる。さらに，駅周辺には約1,100台の時間貸し駐車場と約400台の月極駐車場があり，パーク＆ライドの利用者もかなり見られる。このように，田園風景が広がっていた佐久平駅周辺地区は，急速に賑やかな商業中心地へと変身した（写真3-8）。

64　第Ⅰ部　日常空間としての観光まちづくり

写真 3-7　三角屋根の佐久平駅と
「FM さくだいら」スタジオ

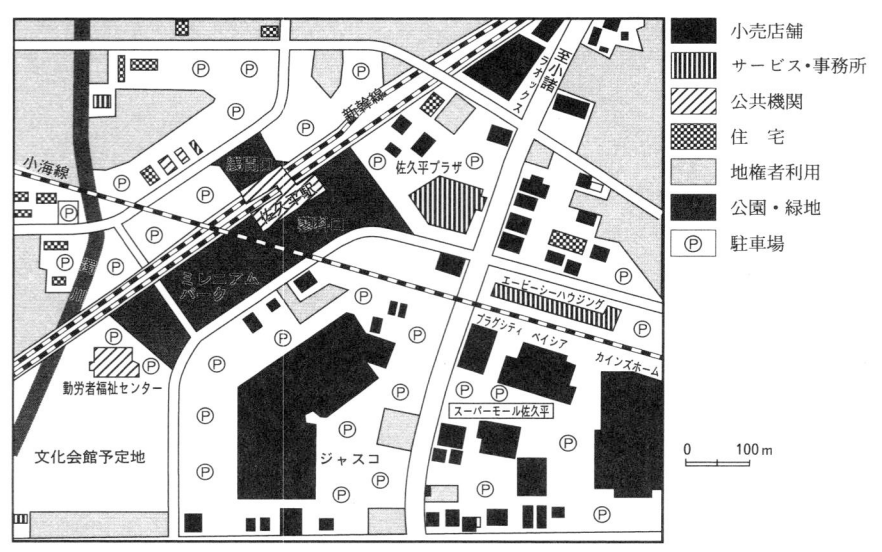

図 3-1　佐久平駅周辺土地区画整理事業による都市機能の立地状況（2001 年）
（佐久市区画整理課資料より戸所　隆作成）

第3章 高速交通環境の整備に伴う観光地域政策のあり方 65

写真 3-8 佐久平駅周辺の大型ショッピングセンター

　上信越自動車道の佐久 IC 隣接地には流通業務団地が建設された。その中核には佐久・小諸両市に散在した青果・水産・花卉の卸売 6 社を集結した佐久卸売市場があり，長野県東部の物流基地となっている。ここも 26 ヘクタールの土地区画整理を農協の協力で行い，新たな都市機能を立地させ，新構想の大型ドライブインや大型商業施設の立地が進む。

　佐久市では高速交通網の整備によって都市環境が大きく変化しつつある。その変化過程は上毛高原駅周辺とは正反対のものとなっている。その主たる要因は，新たな高速交通環境を活かすための行政と市民の積極的な関与と協力の違いである。

3）広域交流玄関口としての新幹線駅勢圏の再構築

　① 空港的存在としての新幹線駅　大都市部を除き，佐久地域のように新幹線駅を地域活性化に活かしているところは少ない。上越新幹線上毛高原駅の場合，地域の人々にとって「不便な地域にある，停車本数の少ない駅」との意識が強く，その利用増進に目を向けさせることは至難の業といえる。また，上毛高原駅周辺の地価が利用価値に比べて高いことも，駅周辺の開発が進まない要因になっている。こうした現象の原因は人々の意識に基づくものが多い。

人々の意識を正面から変えさせることは難しい。そこで，別な視点から上毛高原駅を見ることによって，新たな方向を切り開く必要がある。その一つとして，新幹線駅を空港的存在として考えてみたい。空港と新幹線は本質的に異なるが，国内線に限って見れば両者は競合関係にある。

上毛高原駅から東京方面へは一日 27 本の列車がある。上毛高原駅を空港と考えれば，東京便が日に 27 便以上ある空路は東京－札幌，東京－福岡だけであり，その価値は高まる。新幹線で 1 時間 20 分足らずで東京に行けば，それから先は国内はもとより，全世界への航路が開けている。しかも，飛行機のように必ず予約がいるわけでもなく，飛行機への搭乗のように空港でのさまざまな手続きも必要ない。また，東京行き以外に新潟行きもあり，新潟空港にも至便である。このように考えれば，上毛高原駅の存在は非常に重要な価値を持ち，認識を改めることもできよう。同時に，駅が少々不便な位置にあるとはいえ，一般的な空港の立地場所から見ればよほど便利な位置にある。

新幹線駅を空港として考えると，バスの路線や発着形態も顧客本位のコンセプトで設定できよう。また，駐車場にしても，時間貸しと共に日単位での料金体系に転換する必要もでてくる。さらに，駅周辺の施設整備のあり方も変わってこよう。これまで述べてきた基本的考えを逸脱しない範囲で，こうした誘導策を取り入れた地域活性化策が必要となる。

いずれにせよ，上毛高原駅は全国の他の新幹線駅に比べ，地元の熾烈な誘致運動によって設置された駅ではない。さまざまな自然・人文条件の結果として開設された駅である。それだけに，新幹線駅の機能性を十分に発揮させるために地域の将来像を考え，それに基づいて駅の位置を選定する努力が欠けていたと思われる。その結果，巨大な社会基盤である新幹線駅を市民一丸となった形で十分に生かし切れていないといえよう。その点，類似の地理的位置にありながら，市民意識の違いから長野（北陸）新幹線・佐久平駅の地域に果たす役割は，前述のように上毛高原駅とは違っている。

② **高速交通派と在来交通派**　高速交通の発達により人々の生活圏や経済圏は広域化したが，片道 4 時間以上の人的交流は航空機を中心に，片道 4 時間までは鉄道とりわけ新幹線の果たす役割が大きい。また，片道 1 時間までなら在

来鉄道や自動車の利用が多い。このためそれらが利用しやすい交通ネットワークをいかに構築して地域間交流を活発化し，当該地域の地域発展へつなげるかが鍵となる。

上毛高原駅の利用者数は，乗車客で一日700人台と少ない。しかもその約7割は観光客で，駅勢圏内居住者の利用が少ない。高速交通は東京などの大都市居住者が来訪する際に利用したり，東京に勤務先や取引先を持つ地元居住者の利用が中心である。新幹線駅の設置にもかかわらず，十分に活用されず，住民は，新幹線や高速道路を日常的に利用する高速交通派と在来線や一般国道を利用する在来交通派に分離され，圧倒的に在来交通派が多い。

高速交通環境の整備された地域では，利用時の時間的余裕や経済状況に応じて多様な交通手段を自由に選択できる。しかし，上毛高原駅の駅勢圏においては，必要に応じて高速交通と在来交通を使い分けられる地域構造でないところに問題がある。地域の人々が新幹線駅を利用しやすい状況に変え，地域の人々の利便性を向上させるなかで地域振興や新幹線の営業成績向上にもつながる政策が必要である。それには新幹線駅利用者の再発掘と，新幹線駅を核とした広域連携型地域構造の構築が必要となる。

③ **新幹線駅利用者の再発掘**　上毛高原駅の一体的な日常生活圏である半径15km圏には，地元みなかみ町はもちろん，沼田市・川場村(かわば)・昭和村が入り，吾妻郡(あがつま)の高山村や中之条町の一部も圏域に含まれる（図3-2）。そこには約10万の人々が生活する。しかも上毛高原駅を中心に，中心地理論に適合するかのように，この地域の中心集落が立地分布する。すなわち，駅から2.5kmには月夜野の中心市街地，5kmに新治(にいはる)・上牧(かみもく)，7.5kmに沼田，10kmに水上・昭和・高山の中心街が並ぶ。この地域には上毛高原駅を中心に，10万都市としての地域構造を構築できる条件がある。

1999年の全国民一人あたり新幹線乗車回数は2.5回である[10]。この数字から見て，新幹線駅から半径15km圏に居住する人々なら，最低その2倍は乗車すると考えられる。すなわち，圏域内の10万人が年に5回乗るとすると，居住者だけで一日あたり1,340人の需要が発生する（居住者の1.3%）。これに観光客やビジネス客が加われば，2,000人の乗車客の確保はさほど難しいことでは

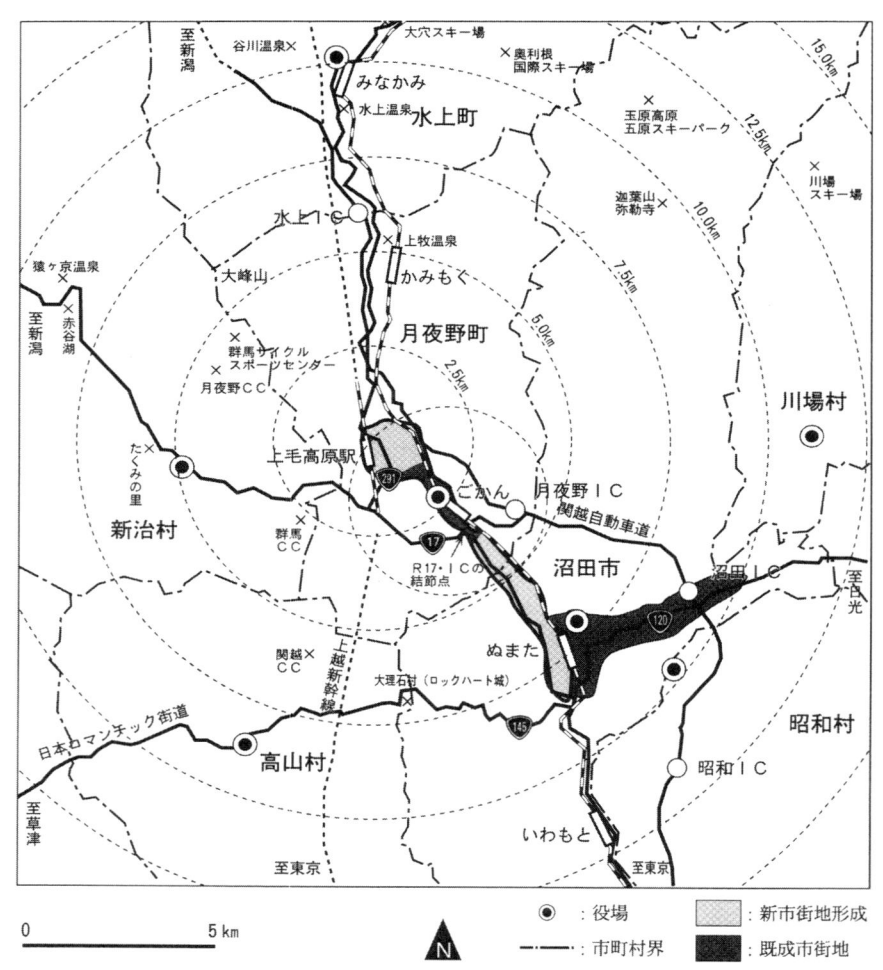

図 3-2　上毛高原駅からの距離帯と市街地形成のイメージ

ない。それによって，乗降客数は約 4,000 人になり，現在上りで一日 27 本の列車停車本数も増加できるようになる。また，平均して 1 列車あたり 100 人の利用客があれば，列車の発着に合わせて駅と後閑・沼田・水上市街地を結ぶバスの便も可能となろう。そのことがまた，新幹線やバスの乗客をさらに増加さ

せる方向に進むとも考えられる。

 ④ **新幹線駅を核とした広域連携型地域構造の構築**　上毛高原駅の半径15km圏内にはこの地域の主な観光資源が駅を起点に放射状に立地する。5km圏には上牧温泉街・大峰山（おおみねやま）キャンプ場・たくみの里，10km圏には水上温泉街・猿ヶ京温泉街・赤谷湖（あかや）・沼田中心市街地・迦葉山弥勒寺（かしょうざんみろくじ）・川場健康村，15km圏には谷川岳・天神平（てんじんだいら）スキー場・宝台樹（ほうだいぎ）スキー場・藤原湖・川場スキー場・法師（ほうし）温泉・四万（しま）温泉などがある。したがってこの地域には，前述の上毛高原駅を中心とした10万人都市の構築に加え，全国的に有名な観光地への広域的玄関口として上毛高原駅を位置づける地域政策が必要となる。

 以上を実現するには，まず駅周辺の都市的利便性を向上させる必要がある。また，現在のような孤立地域の印象を払拭するため，新幹線と在来線・バス交通とを結節させ，新幹線駅とみなかみ町役場のある月夜野中心市街地との一体化を図り，沼田中心市街地とも連携しなければならない。この施策は上毛高原駅駅勢圏居住者への利便性向上政策であり，観光客など訪問者へのホスピタリティの向上政策でもある。そして住民の快適な日常性が，訪問者にとっての快適な非日常性につながると言えよう。

 ところで，歴史的基盤のない上毛高原駅周辺には月夜野・水上や沼田の中心市街地と連携する中心機能が何もない。それだけに，既存の月夜野・水上や沼田中心市街地に，新幹線駅や高速道路のインターチェンジを取り込んだ多核ネットワーク型都市構造（第1章参照）に再構築するのが良いと考える。この場合，鉄道駅は人の流れを中心に，インターチェンジは物流が中心となるように市街地整備を行う必要がある。その際，月夜野中心市街地にある在来線後閑駅と新幹線駅の一体化を図る手立てがいる。それには2駅間の結節性を高めるための公共交通による交通環境の向上が不可欠となる。同時に，新幹線と在来線の駅間における人的流動を活発化させ，新たな市街地形成と地域活性化に役立てる計画が求められる。それには新幹線・在来線駅間2.5kmを公共交通のみならず，歩いて楽しめる地域にするための仕掛けが必要となり，雄大な利根川の河岸段丘や谷川岳など上越国境の山なみの展望，縄文遺跡のある矢瀬親水公園，その他公共施設が活用できよう。また，買い物場所としての市街地整備も

可能となる。

　以上の地域整備は，近隣市町村との連携で行うことが重要である。この地域の中心都市は沼田であり，新幹線を観光目的で利用する人が多いものの，恒常的な新幹線利用客の多くは，沼田市民や沼田の都市機能によって生み出されるビジネス客が重要となる。観光振興には沼田市とみなかみ町を一体的な都市と考え，上毛高原駅を近くて利用しやすい新幹線駅として認識することが求められる[11]。

〔注〕
1）戸所　隆（2000）『地域政策学入門』古今書院，pp.55-58.
2）戸所　隆（2000）「高崎中心商業地・購買行動の構造変化と対応方策－知恵の時代・情報化時代の視点から－」産業研究（高崎経済大学）36-1，pp.29-46.
3）2001年9月に秋田大学で開催された日本地理学会において「高速交通体系をいかに活用するか」と題したシンポジウムが行われた。そこでは秋田新幹線や秋田自動車道の開通により，秋田の中心性が盛岡や仙台・東京に吸収されつつある現状をはじめ，全国各地の同様の報告がなされた。
4）戸所　隆（1996）「国際的救援活動を活かすためのソフトとハードの共同化－阪神淡路大震災からの提言－」福武学術文化振興財団国際交流助成研究成果報告書『阪神震災地域の特性と国際救援活動に関する地理学的研究』pp.100-104.
5）今田　保（1997）「新幹線の延伸は在来線の分断？」地理42-11，pp.48-53.
6）各年次の『群馬県統計年鑑』（群馬県発行）を利用。
7）佐久市建設部高速交通課資料「北陸新幹線佐久平駅・都市施設」による。
8）佐久市（1993）『北陸新幹線佐久駅周辺整備構想策定調査報告書』佐久市．
9）佐久市役所区画整理課での聞き取り調査（2001年）による。
10）群馬県交通政策課（2001）「ぐんまの交通」群馬県から算出
11）戸所　隆（2002）「高速交通環境の整備に伴う地域政策のあり方－利根・沼田地域を中心に－」産業研究（高崎経済大学）37-2，pp.57-80.

第Ⅱ部　文化を創造する観光まちづくり

第4章

土地利用・景観制度の必要性

1．経済（資本）の論理から地域の論理への転換

1）地理的慣性と歴史的慣性を活かす

　工業化が進展するまでの日本では，自然に恵まれていただけに自給自足を旨とする社会が築かれ，地域のさまざまな資源や技術を活かした地域性豊かな地域づくりが行われていた。しかし，工業社会の構築に伴い，さまざまな工業製品や世界各地の資材が地域の隅々まで行き渡り，土木・建設機械の普及で大規模な土地改変も可能となった。また，今日の日本では，人々の移動・交流も激しくなり，価値観が多様化する中で経済的合理性を優先する傾向が強まっている。そのため，資本の論理に基づくさまざまな工業製品や世界各地の資材を使用した，全国的に画一的な土地利用や景観が目立つようになった。それらは効率において優れていても無秩序で個性のないものが多く，今日では魅力的で理想なまちづくりとはいえない。これからの観光まちづくりでは，統一感のない建築景観や無秩序な土地利用を是正し，多くの人々が魅力を感じるまちづくりへと誘導する必要がある。

　地域性豊かな地域づくりには，それぞれの地域の持つ「歴史的慣性」と「地理的慣性」が無視できない。たとえば，ある地域に大規模な自動車組立工場が立地すると，その周辺には各種の部品工場や下請け企業が集積し，一大工業地域が形成される。さらに工場に勤める人々にサービスするための店舗や住宅・

学校などさまざまな機能を構造的に集積させ，それらが相互に有機的に結合した街を形成する。こうして街が一度つくられると，その地域はある一定の空間的広がりをもって工業的色彩の強い地域として生き続けようとする。この工業的性格を持ち続けようとする力を歴史的慣性，その性格を一定の空間的広がりの中で持ち続けようとする力を地理的慣性と呼んでいる[1]。

　自動車工場が最初にその地域へ立地した理由は，その地域が自動車生産に適した条件を持っていたからである。すなわち，経済（資本）の論理で地域づくりが始まるのであるが，次第に地理的慣性と歴史的慣性が働きはじめる。そのため，自動車工場にとってたとえ立地条件が悪化しても，その地域には工業地域として生き続けようとする力が働き出す。それは経済の論理とともに，地域の論理が働き始めたことを意味する。そうした地理的慣性と歴史的慣性を基盤においた地域の論理を無視して，工場立地条件の悪化や採算性の問題などの経済（資本）の論理を理由に自動車工場が撤退すれば，その地域には大きな混乱が生じ，地域秩序も崩壊する。企業城下町といわれた都市において，基幹産業の撤退が当該都市に多大なダメージを与えた歴史を見れば明らかであろう。このことは，温泉観光地をはじめ，すべての観光まちづくりにも共通することである。

　地域の論理を創り出す地理的慣性と歴史的慣性には，非常に強固なものがある。それは京都の多様な地域性や，多彩な地域から成り立つ京都の都市構造からも知られる。たとえば西陣(にしじん)は機業地域，室町(むろまち)は繊維問屋街，祇園(ぎおん)は歓楽街，伏見(ふしみ)は酒造地域として形成され，歴史的慣性と地理的慣性を持つ。これらはその地理的空間における地域資源を活用した土地利用・景観を何百年もの間にわたり維持してきたことで，その地域性を主張するようになっている。

　しかし，今日もなおこれらの地域を特色づけ，支えている市民や企業は，その地域で何代も続く家や企業ばかりではない。その地域で3代続く家や企業はめずらしい。これらの地域では「地域の論理」が「経済の論理」に優先するために，経営に失敗したり地域の性格に合わなくなった人々や企業は去り，地域に適合した新たな人々や企業が入居することで，新陳代謝がうまく機能している。

2）貴重な観光資源を破壊する無秩序な土地利用・景観

　京都には「経済の論理」に優先する「地域の論理」が存在したために，明治以降の近代化・工業化の中にあっても地域的個性を喪失せず，世界的に認知される影響力の強い都市として今日まで存続してきた。しかし，その京都も安泰なわけでない。それは，西陣や祇園などの地域性を全く無視し，不動産利益など経済の論理を優先させた高層ワンルームマンションなどの建設に見られる。それらの建設主体は東京資本が多く，かつ購入者も一時の資産価値を求める京都市外居住者が多い。

　こうした「地域の論理」を「経済の論理」が駆逐しようとする現象は，構造的に全国各地で見られ，それによって没個性的な地域が再生産されつつある。しかし他方で，ボーダレス化し，地域間競争が激しくなったことにより，今日ではこれまで以上に地域資源を活かしたアイデンティティ豊かな地域づくりが求められている。そこでは地理的慣性と歴史的慣性を活かした「地域の論理」を「経済の論理」に優先させることが重要となる。

　しかし，現実には日本の都市計画規制・環境規制は欧米先進諸国に比べ弱いため，先人が長い時間をかけて創造してきた地域性豊かな土地利用や景観を，「経済の論理」を優先させた無秩序な土地利用や景観が破壊している。また，それによって予期せぬ新たな問題をも発生させてきた。これを防ぐには，地域資源を活かした土地利用・景観政策を確立し，あるべき地域像を実現する地域づくりが不可欠となる。また，そのことが「暮らしぶりこそ観光資源」となってきた今日の観光地域政策に求められている。

　たとえば，都市内部では域外資本による無秩序なマンション建設問題などが生じている。また都市郊外では優良農地などに大型ショッピングセンター等が建設され，それらを核に新たな市街地形成が進行することで，伝統的な中心市街地の空洞化を惹起している。それは歴史都市の貴重な観光資源を破壊し，地域の暮らしぶりを情報発信することで，都市観光を振興させる機会を喪失してきた。

　また，中山間地域のリゾート地でも強力な土地利用・景観政策が求められている。温泉とスキーの山岳観光地として形成された新潟県湯沢町は，上越新幹

写真 4-1　新潟県湯沢町のリゾートマンション

線と関越自動車道の開通を機に，東京と新幹線で 1 時間 20 分前後で結ばれるようになったため，超高層マンションや超高層リゾートホテルの林立する地域に大きく変貌した。群馬県側から上越国境の大清水トンネルを出ると，そこには大都市近郊の高層住宅群を思わせる超高層ビル群が出現する（写真 4-1）。それは見方によれば活力ある近代都市形成地域と見なせる。しかし，土地利用・景観政策の面からみれば，いくつかの問題点が浮かび上がってくる。

　超高層マンション・ホテルの林立地域は，都市計画規制のある越後湯沢駅周辺の中心市街地でなく，それを取りまく無規制地域である。結果として超高層ビル群は，「地域の論理」を無視した「資本の論理」に基づく無秩序な建設行為の集積であることが第一の問題点といえる。不統一な建物デザインも問題であるが，より深刻な問題は，巨大なビルの建設により，上下水道や道路整備など都市基盤整備の必要が生じることである。しかも，リゾート地ゆえに，分譲マンション居住者のほとんどが定住人口にならない。そのため，固定資産税は入るものの，住民税は入らず，巨大化した都市基盤を維持する財政問題が第二の問題として発生する。

　第三の問題としては，リゾートマンションに相続が発生した際も，本宅でな

いため税務上の処理はされても所有権移転登記がされず，所有権の曖昧な物件が発生している。リゾートマンションには多人数の共有名義物件など所有形態が複雑なものが多い。そのため，数百戸からなる大型マンションでは，所有権に関わる人が相続でネズミ算的に増加する一方で，連絡先不明の人も急増する。現行制度では，所有権を持つ人の5分の4以上の賛同なしに大規模修繕や建て替えはできない。将来，建物の老朽化によって，住むことも建て替えもできず，朽ち果てた超高層ビルが墓標のように立ち並ぶことが懸念される。

　第四の問題は，「資本の論理」からすれば効率の良い超高層マンション・ホテルであるが，利用客の中心をなす大都市居住者は，日常と同じような建造環境を心底欲していない。日常生活からの解放を求める人々にとっては，魅力のない生活空間として，その価値が将来的に低下しかねない。そのため，持続的に観光地・リゾート地として発展させることのできる理念を持った強力な土地利用規制・景観規制が不可欠となっている。

2．嬬恋村での土地利用・景観制度導入政策の試み

1）浅間高原での超高層ビル建設を阻止した嬬恋村

　嬬恋村（つまごい）は群馬県の北西端に位置し，東は草津温泉で有名な草津町や長野原町に隣接する。また，北・西・南は長野県との県境であり，南北の県境には浅間山（あさま）と白根山（しらね）の活火山が聳え（そび），一帯は上信越高原国立公園になっている。そのため，村域内には鬼押出し溶岩や浅間溶岩樹型など火山によって造られた景勝地や高原が多く，万座（まんざ）や鹿沢（かざわ）・新鹿沢など全国有数の温泉地もある。さらに，村の南端は避暑地として有名な軽井沢町や「北軽井沢」の別名をもつ長野原町の別荘地に接する。こうした上信越国立公園に囲まれ優れた環境にあるため，嬬恋村にも浅間高原を中心に約9,000戸の別荘がある（写真4-2）。

　嬬恋村には，2005年国勢調査では，3,752世帯10,851人の常住人口がいる。しかし，夏の最盛期には常住人口の他に別荘地に2万人以上の準村民が生活する。また，万座や鹿沢の温泉地やバラギ高原・表万座・万座温泉・鹿沢ハイランド・アサマ2000パーク（高峰高原）などのスキー場（写真4-3），多くのゴ

写真 4-2　嬬恋村の別荘地

写真 4-3　スキー場・ゴンドラを併設した嬬恋村の大型リゾート施設

ルフコースやテニスコートなどのスポーツ施設・宿泊施設が整う（写真 4-4）。また，キャベツは日本における総出荷額の 30% を占める大生産地であり，そのなだらかな高原に広がる農村風景とそれを取りまく自然環境も一級の観光資源となっている（写真 4-5）。嬬恋村には年間 300 万人の観光客が訪れ，多いときには常住人口以外のいわゆる交流人口が 4 〜 5 万人も滞在する[1]。

　嬬恋村への交通は，JR 吾妻線（あがつま）が JR 上越線渋川駅から役場のある大前まで通じ，特急で東京から嬬恋村の玄関口としての万座鹿沢口駅まで 2 時間 40 分で

写真 4-4　バラギ高原の宿泊施設とキャンプ場

写真 4-5　広大なキャベツ畑を中心にした嬬恋村の農業景観

結ぶ。また，渋川方面からは国道 144 号が嬬恋村を横断して長野県上田市に通じる。他方で，南の軽井沢町には上信越自動車道や国道 18 号が通じ，1997 年 10 月には北陸（長野行）新幹線も開通した。そのため，浅間高原の別荘地には上信越自動車道経由で東京から車で約 2 時間，新幹線とタクシーを乗り継げば約 1 時間 30 分の時間距離になった。

　以上のように，嬬恋村は一見隔絶された農山村のように見えるが，大都市からの接近性も良く自然環境にも優れ，多くの人々の交流空間・観光地となっている。また，嬬恋村の農業は高原キャベツ栽培に代表されるように，工業化社会を代表する規格大量生産型の大規模資本主義農業である。景観的には農山村であっても，生活様式や生産方式は都市型であり，その最先端にあるともいえよう。こうした社会環境のなかで，貴重な自然環境を維持・保全するためには，かなり強力な土地利用制度が必要となる。それなくしては，「資本の論理」・「経済の論理」に基づく環境破壊が，突如生じかねない。また，それらが起こった場合，手の打ちようがなく，先人が長い間かかって築いてきた貴重な自然環境や自然景観，居住環境にダメージを与えることになる。

　そうした事態が，高さ 103m の超高層マンション建設計画として 1991 年に浅間高原地区の良好な別荘地域で現実となった。その際には，住民の広範な建設阻止運動が村当局を動かし，県や国などの協力で条例が制定され，かろうじて環境破壊を免れた。しかし，既存の条例で良好な居住環境を将来にわたり維持することは難しい。そのため，より強力な土地利用制度の確立を求める運動が主として別荘居住者から発議され，今日まで間断なく議論されている。

　しかし，土地利用制度には私権の制限が伴う。また，常住者（村民）と別荘居住者（準村民）との間にも，農業者と商工業者との間にも利害の対立が生まれる。そこで 1999 年度から 2001 年度まで 3 年間にわたり，行政と地域住民・別荘所有者および有識者が一体となって，「明日の嬬恋村を考える・村づくりと土地利用検討協議会」を設置し，あるべき地域像とそれを実現する土地利用制度の検討を開始した[2]。この間の議論は一見進展がないようにも見えるが，協議委員長および検討部会長として参画してきた著者には，あるべき姿に向かって着実に進んでいると感じられる。

２）共生をキーワードに雄大な自然と美しい農村風景を活かした地域づくり

　嬬恋村における地域づくりの方向性は大きく見て三つある。その第一は「自然と人々の共生」である。すなわち，嬬恋村の魅力は自然の美しさであり，広大なキャベツ畑をはじめとする美しい農村風景は，自然の営みに適応した人間活動の結果である。人々が自然と共生して生きてきた暮らしのありようが創ったものといえる。こうした先祖が営々と築いてきた自然と景観を，いかに次の世代に引き継ぎ，磨きをかけてより一層の発展に結びつけるかが課題となる。「自然と人々の共生」はそうした理念での地域づくりの方向性である。

　第二の地域づくりの方向性は，「居住・観光・農業の共生」である。嬬恋村は全国一の生産量を誇る高原キャベツの村として全国的に高い知名度を持つ。浅間山や白根山という標高 2,000m 級の山々を背景になだらかな斜面に広がる広大な農地が嬬恋村の景観的特徴である。この広大で美しい農村景観を自然とを共生させつつ維持発展して行くには，今後とも農業を基幹産業として位置づけ，地域経済の牽引役にしなければならない。また，観光入込み客 300 万人，宿泊収容力 12,000 人がもたらす観光要素・観光空間を無視することはできない。さらに，常住人口 1.1 万人，別荘 9,000 戸の人々からなる居住空間が重要となる。これらが互いに補完連携し，相乗効果を生み出すべく共利共棲関係の構築に努める必要がある。

　地域づくりの第三の方向性は，「新旧住民の共生」および「村民と準村民との共生」である。嬬恋村には古くからこの地で生活する旧住民と，別荘居住者の定住化などによる新住民がいる。また，定住する村民以外に，別荘地に期間限定で居住する準村民の存在も無視できない。それは一時的には数万人に達する準村民の数の多さとともに，準村民の納める固定資産税額が村民の 4 倍に達していることからも重要である。知恵が価値を生み出す情報化時代にあって，工業化時代の落とし子的な嬬恋の大規模資本主義農業を時代に対応したものに転換させるためにも，多様な価値観を持つ人々が嬬恋という地域で交流することには意義がある。また，別荘地の生活環境の満足度を高め，準村民が持続的に利用し，別荘の維持管理に努めることが，結果として別荘地の資産価値を高め，固定資産税を持続的に得ることにつながる。

80　第Ⅱ部　文化を創造する観光まちづくり

　以上のように，嬬恋村は「自然と人々の共生」，「居住・観光・農業の共生」，「新旧住民の共生」および「村民と準村民との共生」という共生をキーワードにした地域づくりの方向性を定め，雄大な自然と美しい農村風景を活かした地域の将来像を策定している[3]。

3）分都市型モザイク構造の地域構造

　嬬恋村は1888（明治21）年の市町村制公布により，それまでの田代村・干俣村（ほしまた）・大笹村・大前村・西窪村（さいくぼ）・門貝村（かどかい）・三原村・鎌原村（かんばら）・芦生田村（あしうだ）・袋倉村（ふくろぐら）・今井村の11カ村を大字（おおあざ）として1889（明治22）年に発足している。その後合併することなく今日に至り，平成の大合併時にも自立を選択している。

　嬬恋村の総面積は336km²である。村全体の68.0％は林野で，その6割を国有林，2割を原野を占める。農地は全体の11.6％で，キャベツ栽培などの畑地が11.2％，田は0.4％と少ない。また，宅地5.8％のうち一般住宅地は0.6％にすぎず，別荘用地が5.2％とその大半を占める。道路・河川等や池・沼，雑種地からなる「その他の土地利用」は14.4％となる。

　常住人口の多い集落は国道144号やJR吾妻線沿いに分布する。また農地は，村の中央部から南西部にかけての緩斜面に広がる（図4-1）。その北から西・南にかけての背後には，急峻な火山性の山地が並び，国有林・保安林地域となっている（図4-2）。

　ところで，一般に徒歩交通時代にあっては，地形その他によって変わるものの，約10kmごとに宿駅が設けられた。今日でも概ね10kmごとに半径5kmの勢力圏をもつ中心性の高い集落が現れる。それは地理学の中心地理論にもかなうもので，その視点から嬬恋村およびその周辺地域を見てみよう。

　現在の嬬恋村の第一の中心地はJR万座鹿沢口駅のある三原地区である。役場は大前地区にあるが，三原には高等学校や中心商店街その他の中心機能が集積している。試みにJR万座鹿沢口駅を中心とする半径5kmの円を描くと，円内には常住人口の約70％が生活しており，三原が嬬恋村の居住の中心であることが知られる（図4-3）。

　三原から国道144号に沿って約10km西南方向には田代地区がある。そして

図 4-1　嬬恋村における農振農用地区域
（資料：群馬県土地利用基本計画図）

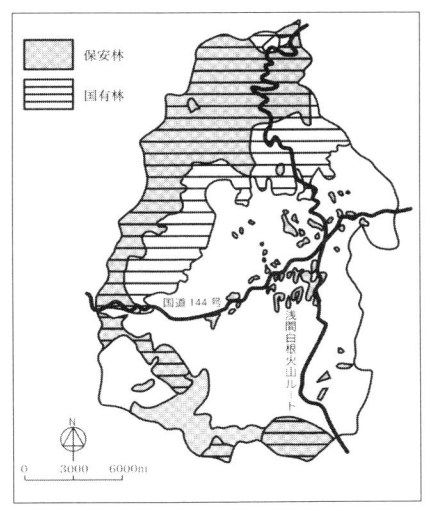

図 4-2　嬬恋村における国有林・保安林の分布
（資料：群馬県土地利用基本計画図）

　田代小学校を中心とする半径 5km の円内には，約 70% の農地が存在する。このことから，田代を中心とする地域が嬬恋村の農業中心地であるといえる。また，田代から南東約 10km，三原から南約 10km の地点が浅間山の鬼押出し園で，この一帯が浅間高原の別荘地域である。鬼押出し園を中心に半径 5km の円内には，嬬恋村のほぼ 100% に近い別荘が立地している。それのみならず，5km 圏内東部には北軽井沢（長野原町）の別荘地も入ってくる。すなわちこの地域は 1 万戸を超える国内有数の別荘地域である。

　さらに，三原から東北東約 10km には長野原町の中心集落があり，三原から北北東約 10km には草津温泉の中心地がある。また，浅間高原から南南東 10km 強の地点は，しなの鉄道中軽井沢駅であり，その半径 5km の園内には軽井沢町の大半の別荘が立地する。

　草津温泉から西へ約 10km には万座温泉がある。また，鬼押出し園の西約 10km に鹿沢がある。そして鹿沢と万座を直線で結んだほぼ中央がバラギ高原になる。すなわち，嬬恋を代表する観光地は西部山間地にほぼ等距離に並んで

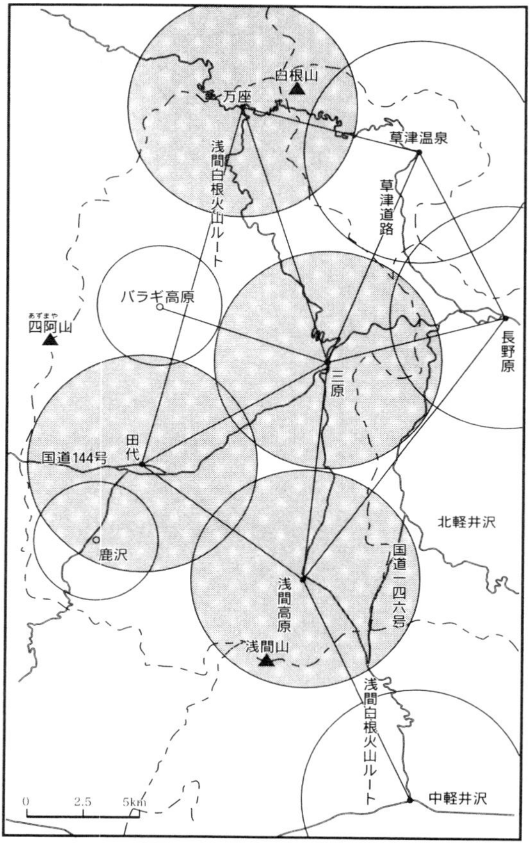

図 4-3 嬬恋村およびその周辺の地域構造（戸所　隆作成）

立地している。

　このように見てくると，嬬恋村の土地利用は居住・農業・観光機能によって地域的にまとまり，それらが距離的に規則性をもって構造化されていることが理解できる。すなわち，居住は村民の中心としての三原圏，準村民の居住地としての浅間高原，農業中心地としての田代圏，そして，観光ラインとしての万座・鹿沢ラインがある。この万座・鹿沢ラインでは万座・バラギ高原・鹿沢がそれぞれ半径2.5km圏ほどの独自の観光圏を有している（図4-4参照）。こう

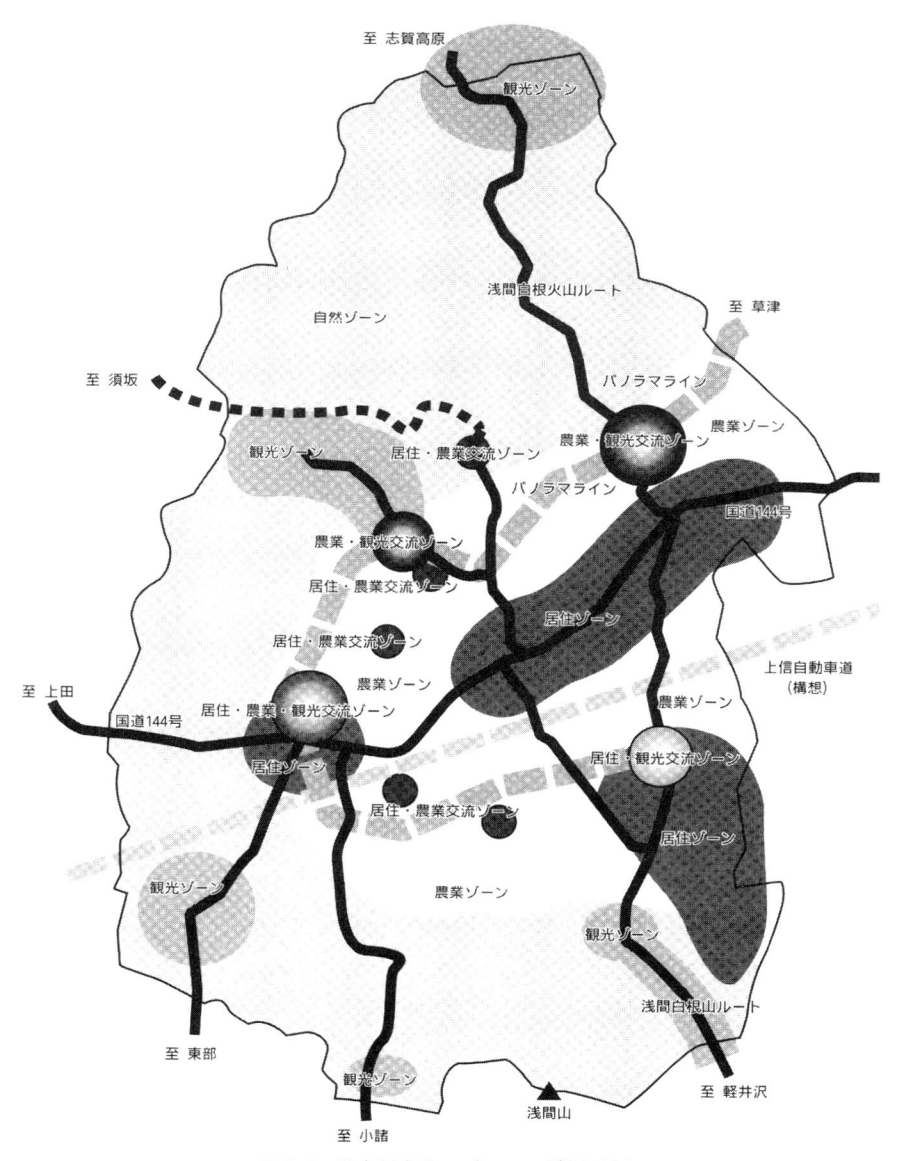

第 4 章　土地利用・景観制度の必要性　83

図 4-4　嬬恋村全体のゾーニング図（案）
（『明日の嬬恋村を考える村づくりと土地利用基本指針策定調査報告書』2001 より）

した土地利用の地域的なまとまりと規則性を十分に理解した上で，地域の性格を活かした土地利用制度の策定が必要となる。

　嬬恋村は村とはいえ，その実態は都市的性格を色濃く持っており，環境の良い高原農業リゾート都市といえる。また，複数の特色ある地域が分都市として独自の活動をしている。同時に，それら個性ある地域が相互に連携しつつ，嬬恋村として一体的な発展を遂げてきたことを示す。著者は情報化時代・新しい知恵の社会における地域構造は「大都市化・分都市化による連携型地域構造」が良いと考えている[4]。その視点からみて，嬬恋村は構造的に情報化時代にも対応しやすい大都市化分都市化型地域構造と生活様式を持っている。

4）貴重な資源を破壊する土地利用の乱れ

　別荘居住者が嬬恋村に土地利用制度，とりわけ都市計画法を基本にした規制を導入したいと考える理由・目的は，大きく見て三つある。第一の理由・目的は，嬬恋の美しい樹林や田園風景，山並みなどの景観保全を図りたいためである。第二に，土地の有効活用が挙げられる。また第三には，将来にわたる居住環境の保持が求められている。

　東京に活動拠点を置く多くの別荘居住者は，日常生活からの解放を求めており，東京と同じような建造環境を欲していない。そのことが景観・環境保全と高層建築物規制を求める第一の理由・目的となる。たとえば，嬬恋村が超高層マンションや超高層リゾートホテルが林立する新潟県湯沢町のようになったのでは，何のために嬬恋村に別荘を設けたかわからなくなってしまう。樹林に沈む戸建ての別荘地，遮るものがなく見通しの良い高原の田園風景，その背後に連なる浅間山や四阿山・草津白根山など2,000m級の山並み景観の素晴らしさに惹かれ，嬬恋に別荘を持った人が多い。ようやく見つけ出した嬬恋村の景観に憧れ，第二の故郷として将来定住しようとする人も数多くおり，それらの人々にとって，ようやくつかんだ自慢の景観が破壊されるのは耐え難い。同時にそれは嬬恋村の地域アイデンティティを喪失することにもつながる。そして結果として，別荘地の価値低下とともに，300万人を集めてきた観光客の減少へと波及し，嬬恋村の行財政問題へと発展する。

嬬恋村でもすでに小区画分譲別荘地の一部では，公共道路が造れないまま既存建物が放置され，将来にわたって利用不可能となった広大な別荘地が発生している。そうした土地を生み出さないことが第二の理由・目的である。それは次のような過程を経て発生する。すなわち，規制も公道もない少数地主の広大な土地が開発業者によって200m^{2}程度に区画され，区画境界部分に道幅4mほどの未舗装私道をつけて別荘地として分譲されることがある。しかし，1000m^{2}程度なければ良好な別荘地は形成できず，200m^{2}程度の別荘地では，家が建て込めば都市内住宅地と変わらなくなってしまう。そのため，そうした別荘地には次第に放棄家屋が発生してくる。また，区画境界部分の私道は排水施設がないため雨水等でえぐられ，道路機能も低下し，環境悪化から既存建物の放棄が増加する。

こうした事態から発生する環境破壊を防ぎ，その別荘地の先にある優良な開発可能地の有効利用を図るために，村は公共道路の建設を計画する。しかし，既設道路にしても私道のままでは村当局による改修はできない。そこで地権者に道路改修や道路用地の提供を求めようとしても余りに地権者が多く，地権者からの了解が得られず，計画を断念せざるを得ないことになる。それは新たな道路をその地域に建設する場合も同じである。すなわち，別荘地の購入は共有名義が多く，元々地権者の数が多い。その上相続の発生で，地権者の数が急増し，権利関係も複雑化する。そのため，関係地権者が数千から数万人になることも珍しくなく，現実問題として連絡先不明の地権者も多く，その数は日々増加することとなる。その結果，土地はあっても利用できず，放置森林になっていく。

第三の土地利用制度導入理由・目的は，山間地域といえども無秩序に建物を建設していては，別荘地・旧集落地を問わず生活環境の悪化と土地利用の混在によるトラブルが多発してくるためである。たとえば，木造戸建て住宅の場合は，前述のように放置されても次第に朽ち果て，コンクリートの土台部分を除いて土に戻り，次第に木々に覆われてくる。その意味では，土地の権利関係の複雑さからその土地は利用できなくなったものの，環境破壊の点からはまだ問題が少ない。しかし，それが超高層マンションであったらどうであろうか。老

写真 4-6　懸念される未耕作農地から土砂搬出後の産廃等の不法投棄

朽化したマンションを建て替える場合，区分所有法でいう区分所有者の5分の4の賛成を得られなければ，建て替えることもできない。しかし，数百戸もあるマンションの区分所有者は，建て替えを必要とする30～50年後には，相続その他の名義人変更などで数万人に達していよう。日常的に生活していないそれらの人々をすべて集め，5分の4の賛成を得ることは現実問題として不可能である。そのため，別荘地における大規模な超高層マンションは，老朽化に伴い手の着けようのない巨大な廃棄物に変化し，周辺の集落を巻き込んだ集落崩壊を発生させる恐れすらある。

　以上の他にも，産業廃棄物の不法投棄や土壌汚染が懸念される。また，上下水道や道路その他の都市基盤整備が十分でないにもかかわらず，限度を超えての人口増加や自動車通行量の増加は地域にさまざまな環境悪化をもたらし，本来必要のない財政負担を強いられる。そのため，土地利用制度の導入で，将来にわたる居住環境の保全を求めているのである（写真4-6）。

3．産業を活性化させ生活を豊かにする土地利用・景観規制

1）交流の時代に対応した意識改革の必要

　土地利用制度を導入することに対し，村民の中には反発の意見もある。これまで何の不自由もなく生活してきたのに，なぜ自分の首を絞めるような土地利用規制を入れる必要があるのか。ましてや，都市計画区域になれば都市計画税の負担が生じ，建築確認を受けるために従来なかった費用と時間を必要とする。余分なことをする必要はないというのが反対の主旨である。

　しかし，嬬恋村を取りまく環境は大きく変化してきていることを認識しなければならない。たとえば，他地域の人々との交流が少ない時代は，住民相互の顔が見え，自己規制によって土地利用面でもトラブルを起こすことなく日常生活を送ることができた。しかし，交流の時代になり，別荘地・旧集落地を問わずさまざまな価値観の人々が居住・滞留するようになった。それは観光的賑わいや雇用・税収の増加をもたらし，嬬恋村を豊かにしてきた。他方で，生活圏・交流圏の拡大によって，次第に嬬恋村も都市部のように顔の見えない社会・人間関係へと変化し，無秩序な土地利用による生活環境の悪化や人間関係のトラブルが惹起し始めている。

　こうした地域社会の変化に対応し，暮らしやすい村にするには，居住人口・交流人口を問わず，土地利用制度など誰にも共通の規範をもつ必要がある。たとえば，観光客や別荘居住者の多くは，なだらかな傾斜地に広がるキャベツ畑や雄大な山並みを楽しみに嬬恋村へ来る。しかし，そうした観光客を宿泊させる高層ホテルが安価で眺望の良いキャベツ畑に建設されれば，嬬恋の景観に大きなダメージを与え，観光価値を低下させることになる。また，ホテル周辺では有機農業につきものの異臭に対する苦情その他で農業の継続が困難になり，全く性格の異なる地域へと展開していくことも考えられる。

　以上のような事態を避け，求める方向の土地利用・景観を将来ともに実現するには，共通の認識に基づく土地利用制度の導入が必要である。土地利用制度によって自由が奪われると短絡視すべきではない。一定の規範さえ守れば事業

や生活の安全が確保でき，活動の自由度が高まる。土地利用制度の導入は観光地域には不可欠なものであり，将来にわたりあるべき産業形態や生活空間の創造に欠かせない。交流の時代に対応した地域住民の意識改革が必要である。

2）地域性を活かした土地利用政策のあり方・制度導入の方向性

嬬恋村の住民は，望ましい将来像として自然環境を保全しつつ，産業振興や居住環境の改善を図りたいと考えている。そのためには，①村の特性を強調しやすい保全型の「土地利用条例」を村全域に適用し，②必要に応じて地域限定で都市計画制度を導入し，法に基づく計画を加え，③「土地利用条例」「都市計画制度」を補完するため景観ガイドライン・環境ガイドラインなどを定める必要がある。なお，その際の考慮事項として，独自性・個性の発揮しやすさ，主体性の確保，柔軟性・変更のしやすさ，手続き等の容易さ・即効性，運用上の明快さ・わかりやすさなどが指摘されている。

時代の転換期には，将来に向かって確実に構造転換を図りうる土地利用制度の制定，交通体系の構築，税制や財政構造の再構築が必要である。それは概ね次の三つの仕組みの導入で達成できると考えられる。すなわち，①都市計画制度や景観形成条例など土地利用規制の枠組みづくり，②地域整備のための機能的共同体の設置，③個人投資を呼び起こす仕組み，である。

現実の地域が抱える問題点は，その地域に生活する人々が一番知っており，その人たちが望む方向を取りあえず尊重することが大切である。どんなに専門知識が豊富な人でも，居住しない限りわからない地域問題は多い。そのため，市民と行政関係者，学識経験者やコンサルタントなどが協働して問題発見－問題分析－課題設定を行うことが重要となる。

市民の要望を受け入れるべく土地利用政策を策定するには，ワークショップ方式が効果的である。ワークショップは，一見時間が掛かるようであるが，市民の意向を確認しながら進められるために，結果としてあるべき方向へ早く到達できる（写真4-7）。

土地利用政策の策定には以下の手順が必要となる。

① 地図上に夢と希望を抱きながら，理想とする土地利用のあり方を描く。

写真 4-7　嬬恋村住民による土地利用ワークショップ

　その場合，まず現状の土地利用を把握し，その是非を勘案しながら，望ましい土地利用形態（用途地域）を何の規制もなく描いてみる（ワークショップ結果）。

　② 次に①の図上に既存の土地利用規制をかぶせ，制度的に変えられるものと変えられないものを区分し，補正する。

　③ 地形・その他の理由で現状や理想の土地利用や規制に問題があるところをチェックし，補正する。たとえば，宅地として不適当な地域は，現況が宅地であっても指定しない。この場合でも，既存の建物は存続し得る。要は，宅地に指定すると，危険地域でも公的に宅地化を奨励することになり，問題が生じるためである。

　④ 計画中・建設中の大規模開発地域や幹線交通路との関連や，将来予想される大規模開発地域や幹線交通路のあるべき位置を想定し，用途地域を再検討する。

　⑤ 既存用途地域の広がりを再検討する。宅地の場合，予想される人口に比べ広く指定すれば，密度の低い市街地形成になる。利便性の高いコンパクトで歩けるまちをつくるには，あまり広い宅地指定は必要ない。

⑥ 用途地域ごとの建設許可基準を確認し，あるべき土地利用地域図を作る。

⑦ 全体として，中心と周辺が連携し，住民にとって価値の高い地域構造の創造につながる用途指定・規制になっているかを検討する。その際，単に当該市区町村の範囲にとらわれることなく，広域的視点からの検討が必要である。

地域づくりは，単に人口がこれだけだからこの程度にすれば良いとか，これ以上はできないというものでない。有効な地域政策を立案し，交流人口や交通機関，交流施設を使ってその地域のポテンシャルを向上させ，地域の発展可能性を無限に広げて行くことが大切である。

なお，物事には一般的なものと特殊なものがある。また，他人と同じでありたいとの思いがある一方で，他人とは違った何か注目されるものでありたいとの思いもある。この二律背反的な人間の思いを，地域づくりにも観光政策・観光まちづくりにも活かす必要がある。

〔注〕
1) 戸所　隆（2000）『地域政策学入門』古今書院，pp.13-19.

第5章
東京型・京都型まちづくりを活かした第三のまちづくり

1．地域論の相剋から発した東京型・京都型まちづくり手法

1）価値観の変化による新たな地域論の構築

　日本の都市は明治以降，欧米型の都市構造・都市景観へと変化してきた。それは日本人の心底に，日本の伝統的まちなみより欧米のまちなみが高級，木造建築より石造・レンガ造・鉄筋コンクリート造がすぐれ，低層建築より高層が良く，小規模な建物の集合より大規模な建物の方がすばらしいとの価値観があったためである。確かに欧米型の建物や都市構造には，機能性や合理性にすぐれた面が多い。また，限られた地域における結節性を高めながら急速な経済発展に対応した空間需要に応えうる有効な手法として，都市空間の立体化は避けられない。超高層ビルはその具現化であり，それらが集積する東京・丸の内や大阪・御堂筋などの都心景観はその典型であろう。

　大規模なビル街の出現は，政治・経済・文化のグローバル化，人の動き・交流の活発化の中で必然的に生じてきた結果であり，日本経済が発展した証でもある。それは資本主義社会に共通のまちなみであり，日本では最初に東京で形成された。また，この東京モデルが全国に伝播し，全国いたるところに「リトル東京」が出現した。それだけに，東京都心のビル街そのものが，巨大観光資源として多くの都市観光客を集めている。そこで著者は，この立体化した欧米型都市開発手法を「東京型まちづくり」と名づけた。

　明治以降の日本では東京型まちづくりが主流をなし，特に第二次世界大戦後の高度経済成長期にその勢いを増した。その結果，これと対峙する日本の伝統的まちなみは価値の低いものと見なされ，東京型まちづくりによって破壊された。

写真 5-1 東京型都市開発（東京新宿）と京都型都市開発（京都祇園）

　そうした状況下にあって，日本の伝統的都市景観を「日本人の心のふるさと」として守り，維持してきたのが京都である。京都は伝統的都市景観の保存にとどまらず，日本の伝統美を生かした新しい都市景観を創造しつつ東京に対峙してきた。こうした都市景観が多くの観光客を吸引し，特色あるビジネス環境を創生している。そのため著者は，伝統的都市景観を当該都市のアイデンティティ育成に生かした都市開発手法を，東京型まちづくりに対して「京都型まちづくり」として区別した[1]（写真 5-1）。

　日本の伝統的都市景観は価値の低い非近代的なものとの認識は京都でも多く，二つの都市開発・まちづくり手法が景観論争として繰り返されてきた。是非はともかくとして，1990 年夏からの京都駅ビル・京都ホテルの改築にともなう建物の高さ論争もその一つであった。駅ビル・ホテルを超高層ビルに建て替える計画に対して，全国民を巻き込んだ反対運動が惹起した。

伝統的な都市景観を生かしたまちづくりを行う気運は，その頃から全国的に高まっている。人々が豊かさを実現する中で，欧米文化が上で日本の伝統文化は遅れているとの認識を改め，文化は平等で自国の文化を大切にしたいとの認識が醸成されてきたことによる。これは世界的な傾向で，各国で民族文化の再考・再認識が行われている。こうした価値観の変化が，新たな地域論を構築する契機となりつつある。また，各都市の市民が地域性を大切にし，それを基に都市アイデンティティを創造し始めたことも大きい。日本社会があらゆる面でグローバル化する中で，伝統を核に他都市との差別化を図るようになった。

ところで，かつて欧米文化対日本文化の対立構造の中で，日本の伝統文化が駆逐されようとしたのとは逆に，日本文化至上主義になりかねない状況も生まれつつある。似た状況は，世界各地で生じている。たとえば，1980年代末期からのソ連・東欧の崩壊と，その後の民族主義の台頭，激変をみれば明らかである。しかし著者は，対立を止揚し，さまざまな文化が協調する時代になるべきと考える。新しい協調パラダイムの創造で，観光交流を活発化させ，個性豊かな地域からなる平和な世界がつくられる。

以上の考えは都市開発・まちづくりにもあてはまる。東京型まちづくりと京都型まちづくりの対立を止揚し，協調・共存しつつ，新たな都市開発・まちづくり手法を創出する必要がある。

2）画一性からの脱却

20世紀は規格大量生産の時代であった。それが都市・地域の個性を喪失させる大きな要因にもなっている。また，強力な中央集権国家制度は，近代化に遅れた明治以降の日本を，戦災で疲弊した第二次世界大戦後の日本を，効率よく立ち直らせるのに大きな役割を果たした。しかし，個々の都市・地域が力をつけ，自立するにしたがい，画一的な制度は逆に地域文化を破壊し，都市的発展の阻害要因となっている。

画一性から脱却するには，従来の規制を大幅に緩和し，地域の裁量でまちづくりを行う必要がある。たとえば，京都・先斗町や祇園のまちなみは3mほどの小路の両側に町家が密集し，京都独特の景観を創り出している。しかしこれ

写真 5-2　京都・祇園の既存不適格なまちなみ

は，現行建築基準法上，面する道路が 4m に満たない既存不適格のまちなみである（写真 5-2）。既存不適格を理由に，これを全国画一型の広幅道路に面したまちなみにしたら，京都独特の都市景観は失われ，文化創造のできるまちではなくなる。十分な防災対策を講じるなどの前提条件のもと，伝統的まちなみには 3 m 幅の道路も有りうるという法の柔軟さ，規制の緩和が，まちづくりのための地域政策・地域計画には必要である。

　伝統芸能はそれぞれが独特の型を重んじる。そうした型を造る中で，伝統的精神や伝統美を養い，新しい伝統の創造が可能となる。こうした営みを通じて，身の回りのものの大切さも知り，ひいては人間に与えられた資源を大切にする心を養うものである。その意味でも，個々の地域がまちづくりにそれぞれの地域にあった型を創り出さねばならない。それが地域ブランド化し，新たな観光資源にもなる。これまでの画一化・効率化を旨とする制度から，自己実現が可能な地域文化を醸成する制度への転換が，緊急の課題となっている。

3）積み重ねが可能な都市開発手法を

　日本の都市は，伝統と革新，頑固さと柔軟さ，ストックとフローの共生する

都市形成を進めねばならない。しかしこれまでの日本の都市は、どちらかといえばフロー中心で、作り替えることには慣れていても、有形・無形のものを積み重ね、伝統を創っていくことは苦手であった。そのため、積み重ねが可能な都市開発手法の開発が求められている。

たとえば、日本の公共建築物を見たとき、最初に建築した建物にはすばらしいものが多い。しかし、将来必要となるスペースや容積を予め見込んで建築した建物は少なく、後年、増築や別館建設となる。その際、最初の建物ほど時間も金もかけないため、デザイン的にも構造的・機能的にも、最初の建物とは不統一な建物になりやすい。また、増築を繰り返した建物は全面的建て替えになることが多く、最初の建物が文化財的に優れたものでも、新しい建物を建設する際の敷地問題によって残らない。その結果、歴史的に貴重な建物が消滅し、伝統を築き文化創造のできるストック型のまちを造りにくくしている。

これからの都市づくりは、こうした状況を避け、当該都市にとって伝統を築き個性創出につながるものを蓄積できるシステムを必要とする。そのためには建築当初から将来の増築を念頭にいれた設計を行い、敷地的にも建築構造的にも余裕をもたせなければならない。将来増築可能で、その意味では未完成でありながら、増築したそれぞれの段階がつねに完成した状態に見える技術の開発が要請される。こうした積み重ねができる都市開発手法の開発が、資源の浪費を避けつつ、文化創造のできるまちを造ることになる。

4）生涯学習社会と新産業と観光業の育成

文化を重視する高度情報社会において自己実現を図り、創造型地域政策を推進するには、都市の新陳代謝同様、主体者たる市民の常なる精神的新陳代謝が必要となる。すなわち、都市を活力ある人間空間とするには、人材養成システムを変革すべく、質の高い生涯学習社会システムの構築と、活力の源となる新産業を育成しなければならない。

日本の新産業育成に関する産業・文教政策は、長い間、技術偏重であった。そのため技術開発に成功してもベンチャー企業の育成や新産業開発に結びつかないことが多い。その要因の一つに、過度な技術と経営の分離があり、その統

合化が必要となる。

　アメリカ合衆国では技術力を持つ者が経営大学院で学び，自ら開発した商品を自分の手で迅速に事業化し，成功した例が多い。この場合，技術と経営が逆の関係になることもある。他方で，大企業からスピンアウトした者に対する支援システムも整っている。また，仮に失敗しても日本よりダメージを受けずに，再就職など敗者復活の道も多い。

　日本では，理系の人間が経営関係の大学院で学ぼうとしても，硬直化した文系・理系分離型入学試験制度によって，入学そのものが難しい。特に，文系から理系の大学や大学院への入学は，必ずしも必要ない高等数学の入試問題などが壁になっている。こうした問題を解決し，時代の要請に柔軟に対応し得る人材養成システムの構築が必要となる。

　学びに関する交流は，さまざまな資源や情報を結節させ，新しい価値を創造する上で新産業育成にとっても不可欠である。バリアフリーでのぞめる交流の条件が整えば，さまざまな課題が解決し，新産業育成のための新しいリンケージも築かれるであろう。それを実現しうる都市空間は，商業地の再生や再開発に役立ち，交流人口の増加による観光まちづくりにもつながる新たなまちづくり手法となろう。

2．観光資源としての京都型まちづくり

1）外からみる内なる都市

　京都は不思議なまちである。京都に直接関係のない人でも，京都のまちづくりや将来にひとこと言いたい人は多い。他方で，京都に職や住居をもちながら，まるで自分のまちではないような京都論を述べる人も多い。

　著者は，人間の感情から見た都市への関わりには四つのパターンがあると考えている。一つは"内からみる内なる都市"で，自分の住むまちに惚れ込み，そのまちを肯定的にみるタイプである。第二のタイプは"内からみる外なる都市"で，居住する都市を自分のまちと強く意識しつつもその都市と一体になれず，批判的にみる場合などがこの範疇に入る。第三のタイプとして，居住地以

外の都市を第三者的ないしは批判的にみる"外からみる外なる都市"がある。そして第四のタイプが"外からみる内なる都市"で，京都人でないにもかかわらず京都のまちづくりに熱心な人々はこのタイプになる。

　京都に職や住居をもつ人の多くが，京都の長い歴史に圧倒され，外に向かって自分を京都人とはいいきれない複雑な心境をもつ。それは1～2代目の人でも住んでいれば東京人という東京とは異なる心象風景である。全国各地から京都の動静を見つめる人々の多くは，自分のまちがアメリカナイズされ大きく変貌しても，京都だけは伝統的な日本のまちなみを残すまちであり続けることを期待している。建都以来1200年を生き抜いてきた京都は，日本文化のアルバムと思うためであろう。

　以上のように，京都での職・住の有無にかかわらず，京都は"外からみつめる日本人の心のふるさと"としての内なる都市なのである。そこから京都型まちづくりの観光資源としての価値が生まれてくる[2]。

2）歴史の漂うまちの構造

　新幹線で京都駅に降り立つ人の多くが，東寺の五重塔に目をやるという。近代建築物の中に"内なる京都"としての伝統的な建物を見出し，安心するのである。同様に，京都のまちを歩く際には，自然に古いまちなみ空間へと足が向く。よそのまちなら"歴史散歩"とでも銘打たなければ，古いまちなみへは行かず，利便性と快適性に優れた新しいまちを求めて行動するであろう。しかし，京都では外来者の誰もが無意識のうちに歴史を求めている。

　京都の土地には1200年の歴史が刻まれており，それを容易に見出すことができる。たとえば1200年の歴史が重層化して現代の都市構造となっている。すなわち，平安京は朱雀大路（現・千本通）を境に左京と右京に分かれ，格子状のまちが形成された。しかし，右京の地は低湿地であったため衰え，その後は左京を中心に市街地発達を見た。室町時代には，二条通を境に公家や武家の消費空間としての上京と，経済活動の活発な下京に分かれた。また，秀吉は都市部の周囲に御土居を築き，御土居の内側が都市で「洛中」，御土居の外側が農村で「洛外」として空間的に分離している。さらに御土居には粟田口，

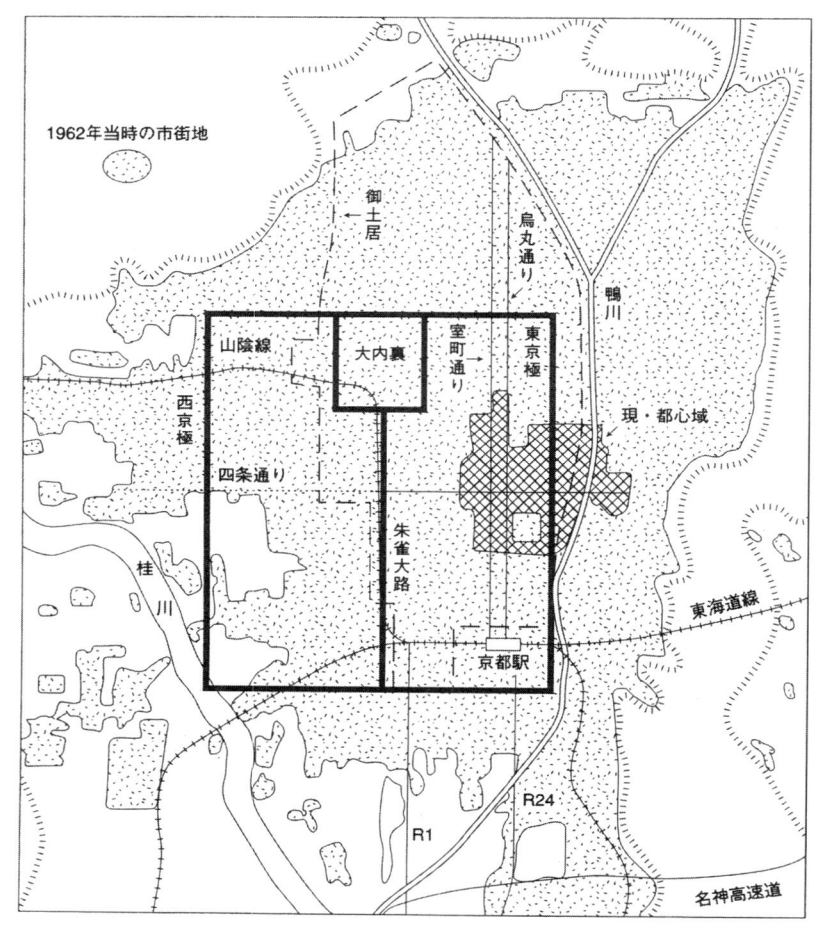

図 5-1　歴史的に重層化した京都の市街地

丹波口、鞍馬口などの「京の七口」と称される出入口が設けられ、今日の生活様式にまでその名残はある（図 5-1）。

明治以降の都市計画も京都は、以上の歴史を重層化させる形で都市を形成してきた。そして今日の京都は、京都駅を中心に南・北に大きく分かれる都市構造を形づくりつつある。京都のまちはその歴史に規制されつつ、その重層化の

中で新しい時代に対応すべく新陳代謝を繰り返し，生き続けている。

3）横に連続した京の職・住空間

　京のまちなみの原風景は，低層・木造の建物が道路沿いに連続して並ぶ姿である。また，建物と建物の間に庭などが挟まる社寺や公家の屋敷では，塀によってその連続性が形づくられた。

　連続性は，単に建物が連なることだけを意味しない。機能的にも同種のものの連続性がある。遊興街としての祇園・先斗町，繊維問屋街の室町(むろまち)通り，夷川(えびすがわ)の家具街，生鮮食料品街の錦小路(にしきこうじ)，その他仏具街など多くの同業者町や商店街が形成されている。こうした同業者町や商店街は，地域に根ざした技術の伝統に支えられており，その歴史的重層性によって密度を高めることで，その地域の人には日常であっても訪問者には非日常のおもしろい空間となる。こうした空間の重なりと集積が京都の都市構造を規定し，京都を質の高い観光空間にしている。

　連続性には，時間的・歴史的なものと，空間的・地理的なものとがある。京町家(まちや)の連続するまちに，空に向かって垂直的に伸びる高層建築物は，横のつながりで成り立っていた京都の都市構造を根本から変えることになる。それは空間的な横の連続性をたち切るだけではない。長い時間をかけて創り上げてきた京都の伝統的な都市構造を変えることにつながる。

　商業を例にみてみよう。京都は同規模都市に比べ大型店占有率が低く，商店街の力が強い都市であった。しかし，1990年代から商店街の店舗面積を上回る高層の大型店が，鉄道駅周辺を中心に立地してきた。それは建物の中に新しいまちをつくるものである。この結果，横への連続性をもつ商業地構造から，立体的に拠点化した多核心型商業地構造に変化し，京都らしさの喪失が懸念されている。

　今日の建築空間需要の増加や都市建築の動向からして，都市空間の立体化やそれに伴う建物の街化は避けられない。しかし，京都は他都市同様の手法でそれを推進すべきではない。和風の4〜5階建の建物を連続させ，スカイラインを統一するなど京都の伝統的景観に調和し，新たな京都的景観を創造する立体

化が望まれる。新しい形の京都型都市開発手法を創出するときである。

4）「文化首都」としての空間

　京都市内には，全国的・世界的に影響力を持つ文化的中枢管理機能が多数ある。大学や宗教の大本山，茶道・華道の家元などがそれにあたる。また，数多くの文化遺産やそれを扱う博物館や研究所の存在も大きい。

　京都市内の大学・短期大学数は37で，その学生数は約14万人になる。これらの学生は全国から集まり，大学の存在が京都市全体の経済活動に与える効果は，京都市内で生み出される富の約10％に及ぶ。また，京都大学・立命館大学・同志社大学などの有力大学からは全国・世界へと研究者や文化人を多数送り出しており，その人的な研究・文化情報ネットワークの果たす役割は大きい。同様なことが，京都国立博物館や国際日本文化研究センターなどの研究機関にもいえる。また，宗教の大本山(だいほんざん)も宗教教義によって全国の末寺(まつじ)と本末寺(ほんまつじ)制度を構築し，経済的にも京都を中心に堅固なネットワークを形成している。こうした本末寺制度と同様の形態が茶道・華道の家元制度にもみられる。

　多数の文化的中枢管理機能の存在が京都の特色である。これらは都市の中心部よりも閑静な周辺部への分散立地を好む。そのため，都心に経済的中枢管理機能の集中する一般的な都市構造ではなく，分散的な都市構造になる。また，文化的な機能は政治・経済活動ほどダイナミックな変化をしない。そのため，職・住の空間も相対的に安定している。また，経済活動のように海外生産へのシフトによる空洞化現象も生じにくい。他方で，先端技術開発には大学の知識や技術が不可欠なため，生産部門を市外へ転出させても京都には研究開発部門を残す傾向が一般企業にもある。

　京都の安定した都市構造および職・住空間の形成に，文化的中枢管理機能の果たす役割は大きい。そこから創出される日常的な文化の香りが，京都観光の底力となっている。また，文化首都を目指したまちづくりの方向性が，観光地としての京都の地位をさらに高めつつある。

3．歴史都市・京都の特性と新たな空間創造
　－京都型まちづくりへの条件－

1）全国有数の近代工業都市

　京都の人口は神戸に次いで全国第7位（2005年国勢調査），製造品出荷額でも神戸に次いで僅差の第9位である（2003年経済産業省・工業統計表）。京都の製造品出荷額は広島・堺・北九州各市よりも多く，京都は全国有数の工業都市である。また，製造品出荷額の大部分は50前後の中核企業から産出され，結果として京都の税収のかなりの部分もこれらの中核企業が支える。

　しかし，市民を含めて多くの人が，京都は工業都市ではなく，文化観光都市とみる。それは各種の調査結果が明らかにしている。自然環境に恵まれた文化的な歴史都市としてのイメージが，人々の心に強く焼きつけられた結果といえる。また，工業といえば西陣織や清水焼などの伝統産業のイメージが強く，全国有数の先端産業都市との認識は少ない。

　それは京都の中核企業の多くが最終消費財生産でなく，先端的な産業用機器や部品メーカーであるため，一般消費者にその存在を認知されにくいことによる。たとえば，島津製作所の製品の多くは，医療用機器や実験用機材である。京セラ製品もスペースシャトルをはじめ多方面で使われるが，一般には認知されにくい。また高度な材料技術によって可能となる入れ歯素材はその大半を京都でつくる。入れ歯は身近な製品であっても，歯科医を通じて装着されるため，それがどこの何という企業の製品かを知る人はまずいない。

　いずれにせよ，付加価値の高い製品を生産する中核企業が多数京都で創業し，現在も生き続ける。それらは現在，次の立地特性をもつ。①都市中心部では地価が高くスペースも少ないことから本社立地のみになりつつある。②中心部周辺には，創業以来の敷地に本社・工場・研究所等を複合的に立地させる中核企業が多い。しかし，その多くが生産部門を市域外に移転させる傾向になっている。こうした産業空間の変質は，生産的側面から醸し出される京都の魅力低下につながりかねない。

2）企業家精神旺盛な空間

　京都産業における空洞化の懸念はあるとはいえ，新たな創業活動やベンチャービジネスの動きをみると，京都は活力のある都市である。ベンチャービジネスは，都心をはじめ都市域全体で活動する。これらは，次の時代に向かって新たな創業を行うべく努力しており，多様な人や情報と交流しやすい土地として京都を選定している。有力大学が近くにあることは大きい。大学の存在の大きさは，有力中核企業ですら生産拠点を他地域に移しつつも，研究開発拠点を京都に残さざるを得ないことに現れている。

　JR山陰本線丹波口駅近くには，京都リサーチパークがある。このような研究支援施設が京都では充実しており，ベンチャービジネスにとって活動しやすい都市といえよう。京都が今日，大都市として存在するのは，それぞれの時代に対応したものづくりに力を入れてきたからである。資源の少なさを考えれば，今後とも日本は，ものづくりなしでは成り立たない。それを支える先端産業の創業地として良好なものづくり地域の整備が，これからも京都には求められる。

　現在の京都を代表する中核企業の分布をみると，中心部周辺のうち，JR山陰本線・東海道本線・桂川に囲まれた右京区を中心とする西部工業地域に，多く集積する。この地域は工業的色彩の強い地域として発達してきたが，既存工場にとって拡張するスペースもなく，交通渋滞などで立地環境も悪化している。そのため，次第に既存工場が他地域に移転を始めつつある。

　しかし，この地域ほど生産体系の整ったところはない。京都にとってベンチャービジネスを活性化させ，次世代に向けての創業をめざす空間としても，この地域は重要である。また，これまで見てきたように，京都に多くの人が集い交流するのは，単に社寺仏閣があるからだけでない。むしろ日常的な都市活動によって創出される行動が大きい。京都でのビジネスや学術活動などが多くの観光需要をもたらしていることに視点を置く必要がある。そのためにも新たな京都産業を創造する拠点としての西部工業地域の再生が欠かせない。問題はいかに再生させるかにある（写真5-3）。

写真5-3　ワコール，日本新薬などJR西大路駅付近の中核企業群

3）京風住工混在地域の創生

　都市はつねに変化する。時代に対応した土地利用・都市機能の空間配置にしなければ，その都市は衰退する。そのため，これまで時代に適応できなくなった工場は閉鎖か他地域へ移転させ，跡地は住宅地やショッピングセンターに再利用されてきた。しかし，その建設の前提には，住宅やショッピングセンターを利用する人間がその都市にいなければならない。ものづくり従事者を減少させ，消費人口を減らす中で新たな住宅や商業施設をつくっても，既存施設を空洞化させ，都市全体を衰退させるだけである。この種の土地利用転換にはそうした危険性が存在する。

　同時に，安定した工業地域に異質な住宅や商業施設がつくられると，とかく両者の間に緊張関係が生じる。これまで工場と共生してきた人々は，工場の存在を必ずしも忌避しない。しかし，居住を目的に後からきた人たちは，工場は汚い迷惑施設と感じ，工場との間にトラブルを起こしやすい。他方で，工場側も交通条件の悪化や地価高騰，敷地の狭隘化などから移転を選択することとなる。しかし，この悪循環に陥ると，都市の空洞化は避けられない。それを防ぐには，最悪，既存工場が撤退した場合も，跡地をベンチャー企業などの新たな創業の地にするためのシステムづくりが大切である。

京都には大学や試験研究機関など創業を支援する条件が整っている。また，企業家精神豊かな風土をもつ。それらが展開できる空間を職住近接でつくりあげていくことが，空洞化を避け，次なる京都の創生のために必要である。創業には，住居も近くになければならない。協力者も集まっている必要がある。創業に理解のある人々のコミュニティづくりを可能とする基盤整備が，いま，京都に求められている。それは新しい住工混在地区の形成であり，京風工業地域の創生でもある。

4）京都型都市開発に英知を集める

　「小京都」といわれるところが全国には数多くある。「小京都」に共通することは，高度経済成長期のまちづくり・工業化に乗り遅れた結果，地域特有の景観や風習が残り，それを核としてまちづくりをしていることである。それは，決して京都の物まねではない。その地域の伝統や資源を活かした本物のまちづくりを目指している。したがって景観的には，なぜ小京都というのだろうかと思う小京都もある。

　京都はそうしたまちづくりの先端をいく都市である。その特色は，連続性，重層性，文化性，反復性にあり，それらを組み合わせて京都の地域特性をつくりあげている。地域特性を維持するためには，建物の高さも，色調も，材質もそろえる必要があろう。建築技術が多様化し，建築資材もさまざまなものが利用できるだけに，その都市に最も適したものを統一的に使用することが重要になっている。京風都市開発の真髄を，英知を出して示す必要がある。

　京都の印象を，時間がゆっくり流れていると表現する人は多い。街ゆく人の歩く速さも，東京や大阪と異なりゆっくりしている。近代都市の中に社寺という異空間が入りこみ，アクセントをつける。古いものの中に突然新しいものがあらわれる奇妙さもある。表通りと裏通りの連続性とコントラストは，路地に一歩入れば古き良き時代をも想い出させる仕掛けにもなっている。

　必ずしも大きくも広くもない都市の中に，都会と田舎が存在する。神秘的な空間すらある。東京やミニ東京では味わえないその神秘性が，京都の都市生活に静と動を見事につくり出している。人の心をなごませ，他所者をも惹きつけ

る魅力ある京風都市空間は，利便性や効率性を重視した汎世界的な東京型（アメリカ式）開発空間とに大きく異なる。

　京都は，これまで幾多の試練に耐え，生きぬいてきた伝統をもつ。また，それを可能とする人材や環境を有している。京都のもつ資源を生かし，先端産業を職の中心におき，ものづくりと情報・サービスを生かした職の空間づくりと，新しい職住近接空間をめざした京都型まちづくりを再評価する必要がある。

4．二つの異質な地域を活かした観光まちづくりへの提案

　一つの都市地域を性格の異なる東京型都市開発や京都型都市開発，あるいはそれを止揚した第三の都市開発手法で開発した地域に統一することはできない。現実には多種多様な東京型・京都型の都市開発地域が複雑に入り組み，モザイク構造の都市地域を構成している。それらが雑然と入り組んでいると機能的にも景観的にも問題地域となる。しかし，二つの異質な地域の特性を活かした組み合わせや地域的配置ができれば，それぞれの地域的特色をクローズアップしながら，それぞれの地域の活性化を図ることができるのではないかと著者は考えている。それによって，日常空間を観光地都市としての非日常空間にすることもできよう。

　たとえば，これまで相対峙してきた郊外にできた東京型の大型ショッピングセンターと中心市街地の京都型の伝統的商店街も，それぞれの特色を強調しつつそれらをネットワークすることで新たな展開を図ればよい。ある都市では巨大な東京型開発地域で顧客の誘引を図り，そこで他に当該都市のアイデンティティを感じうる京都型都市開発地域があることを認知させ，そちらへ人々を誘導する仕掛けを構築する。またその逆があってもよい。そのためには，それぞれの東京型・京都型の都市開発地域をコンパクトな特色ある分都市とし，それらが相互にネットワークした都市構造を持つ「大都市化分都市化型都市構造」の構築が必要となる。その際には，それぞれの都市開発区域の組み合わせと地域的配置に留意しなければならない。以下，こうした視点からいくつかの具体例を見てみたい。

写真 5-4　東京・千駄木の昔ながらの商店街

1）大都市化分都市化型都市構造の偉大なるモザイク都市・東京

　東京は外から見ると世界に君臨する巨大都市であり，まさに超高層ビルに代表される東京型開発地域が広く認知されている。そのため，東京をよく知らない初めての訪問客の中には，現実の東京にとまどいを感じる人もいるという。それはイメージと異なる古いまちなみが目前に展開するためである。上野界隈の古いまちなみには，地方都市でも見られなくなった活き活きとした昭和のまちなみが見られ，タイムスリップする（写真 5-4）。

　こうしたまちなみが，大東京の随所に見られる。多くの人はそれらの景観に懐かしさと親近感を感じている。決して，古くて汚いもの，価値の低いものとは思っていない。むしろ積極的にその価値を認め，他の人々にその存在を流布している。それは超近代的な東京型都市空間に隣接して存在する東京の歴史を背負った空間への愛着であり，二つの異なる都市開発のコントラストがもたらす心地よさであろう。

　東京は巨大都市であるが，決して同質的な空間ではない。東京駅周辺やお台場など超近代的な東京型都市開発空間もあれば，浅草や柴又など江戸情緒を残すところも多い。同時に，新宿・池袋などの繁華街にあっても，東京型と京都型が組み合わされ，それぞれが特色ある都市空間を形成している。そうした個

写真 5-5　倉敷市の美観地区

性豊かでコンパクトな分都市が多数存在し，それらがモザイク状に配置され，多様な交通機関によってネットワーク化された巨大都市である。その組み合わせの中から人々は多彩な刺激を感じ取り新たな創造を行っている。そこに東京の魅力があり，日本最大の観光地になる基盤がある。

2）イメージづくりに成功した倉敷市のまちづくり

　倉敷の都市イメージは良好である。岡山県倉敷市は水島臨海工業地域などを抱える日本有数の工業都市である。2004 年の工業製品出荷額は 3 兆 4 千億円あり，この規模は人口で同規模の兵庫県尼崎市の約 3 倍，人口で 2 倍ある北九州市の約 2 倍になる。市の財政も工業から得る割合が大きいが，国民の多くはそれほど重厚長大型工業都市とは思っていない。尼崎市や北九州市は，知識情報化時代の都市として再生するため，公害都市・重厚長大型工業都市イメージを払拭するのに苦労を重ねてきた。倉敷市はそうした労苦も少なく，イメージもよい。

　その主たる要因として，倉敷の歴史的核である美観地区（写真 5-5）の存在がある。倉敷美観地区は JR 倉敷駅から約 500m ほど離れたところに展開する。そこには倉敷川に面して江戸時代の経済的繁栄をしのべる白壁の土蔵やヤナギの並木が続く。また，明治以降の倉敷の繁栄を支えた紡績会社のレンガ建物を

利用したホテルや，世界的に著名な名画を集めた大原美術館や倉敷民芸館もある。この景観は多くの旅行雑誌などで紹介され，若い女性を中心に根強い人気を保っている。

美観地区自体の経済力は倉敷市全体の中では微々たるものである。商業的に見てもその販売金額は小さく，倉敷駅周辺の再開発によって進出した百貨店や大型店などの立地する東京型都市開発地域が圧倒的に強い。しかし，美観地区の経済波及効果は倉敷市のイメージを向上させ，倉敷全体の企業立地や都市ブランド力を向上させている。東京型の倉敷駅周辺地区と京都型の美観地区とが相対峙しつつ相乗効果で都市イメージづくりに果たす役割は大きい。

3）天井川を活かした草津市のまちづくり

京都駅までJR東海道本線で20分の滋賀県草津市は，工業化・近郊都市化に加え，立命館大学の大規模キャンパスの建設などで，全国的にみて最も成長力のある都市の一つである。しかし，それだけに都市構造の転換も急激で，JR草津駅前は再開発などによって大型店中心の東京型都市開発が進んできた。他方で，宿場町の歴史的核をもつ旧市街地（本町地区）は衰退をはじめ，その再活性化が課題となった。

宿場町草津は東海道と中山道の分岐する大きな宿であり，草津本陣は全国で唯一ほぼ原形のまま現存する（写真5-6）。また，明治以降も高度経済成長期まで草津市の中心商店街として君臨し，伝統的なまちなみ景観が色濃く残存する。さらに，本町地区には市役所など行政・文化施設の集積もある。しかし，高さ約10m，幅約100mの天井川である草津川が本町地区と草津駅前地区との間に横たわり，両地区を遮断してきた。そのため，両地区は互いに接していながら天井川にトンネルを設置しない限り交流できず，一体的な開発ができないでいた。

そこで草津のまちづくりへの提案として，著者は一体化を妨げてきた天井川による遮断性を逆手に使い，発想の転換を図った。すなわち，本町地区は，天井川によって遮断されることで比較的良好な形で残った伝統的なまちなみを積極的に活かして再活性化を図る。他方で，駅前地区は思い切って京阪神大都

写真 5-6
上）草津駅周辺の東京型開発
中）京都型開発の草津本町
　　天井川手前が草津駅周辺。
右）東海道・中山道の分岐点に位置する
　　草津本陣
　　天井川近くの本町。

市圏における都市化の圧力を一手に引き受け，高密度な東京型都市開発を進める。そのことによって，草津駅前地区の近代的景観地域から天井川のトンネルを抜けると本町地区の伝統的景観地域が突如として目に入るという仕掛けが可能となる。それが東京型・京都型の二つの地域的性格を鮮明にし，他方で機能的な相互補完関係を密にすることとなる。それは結果として両地域の一体化を促進する。

草津市の再活性化と新たな都市化の圧力に対するまちづくり政策は，提案から約20年たった今日からみて，問題をはらみながらも，概ね順調に実現してきたと自己評価している。特に都市ブランド力に劣るまちにとって，京都型都市開発を絡ませることの意義は大きいと言えよう[3]。

4）河岸段丘を活かすべき沼田市のまちづくり

沼田市は群馬県北部の真田藩の城下町を起源とする中心都市である。沼田の市街地は利根川と片品川が合流する沼田盆地に位置するが，その歴史的核や中心市街地は利根・片品両川の壮大な河岸段丘上に形成された。藩政期には河岸段丘は，城を築くにも敵を防御するにも良好な地として機能した。

明治以降も沼田の地は，関東と日本海側を結ぶ重要地域としてJR上越線・国道17号線の建設をみた。しかし，その路線は技術面から段丘崖下に建設された。そのため，上越線沼田駅周辺や国道17号線沿線には新市街が開かれたが，河岸段丘上の沼田中心市街地は藩政期以来の市街地のまま，沼田駅周辺の新市街も未成熟なままで今日に至っている（写真5-7）。

本来は鉄道駅周辺に新都心を形成し，旧都心と新都心を結ぶ幹線道路を都心軸・都市軸とした新しい都市構造を構築するべきであった。しかし，性格の異なる二つの地域を一体化させるには，草津市における天井川のように，他に類を見ない壮大な段丘崖がそれを拒んできた。そこで，徒歩交通時代の旧市街地と鉄道・自動車交通時代の新市街地を分断する段丘崖を活かす手立てを考える必要がある。すなわち，段丘崖によって分離された上下空間を全く別のコンセプトで整備することで，地域ブランド力を向上させようとする考えである。

たとえば，丘上の市街地は歴史的まちなみ（京都型都市開発），崖下の沼田

写真 5-7　河岸段丘の上下に発達した沼田市街地

写真 5-8　スペインの丘上都市・トレド

　駅周辺の新市街地は近代的まちなみ（東京型都市開発）に特化させる。イタリアなどヨーロッパの中世都市には丘上都市が多くある。それらの多くは，丘上の旧市街は中世の歴史的景観と生活様式を残し，利便性に富む近代都市空間は丘の下に展開させている。他方で，丘上のまちは当該都市の特色を強調する空間として観光空間となる例が多い（写真 5-8）。
　沼田の場合も，丘上の旧市街には歴史的建物景観や祭り，伝統芸能などの地

域文化が色濃く残っている。段丘崖の上下で京都型・東京型まちづくりを進めれば，JR沼田駅を降り，近代的なショッピング街で買い物を楽しんだ後，丘上にあがることになる。そこにはタイムスリップした別世界が広がり，地域色豊かな買い物空間を楽しめる。また，そこは谷川岳や尾瀬に向かう一大観光情報拠点にもなっている。新旧両都心を分断する段丘崖にも人の往来が活発ならば，伊香保の石段街のような階段状の商店街や緑道，エレベータやエスカレータの設置などさまざまな仕掛けも考えられよう。

　こうした活性化政策の立案や開発行為に際して市民・関係者が十分議論し，持続的に施設の活用・育成に市民誰もが努める体制が取られたなら，良い意味で段丘崖を活用したまちづくりとして沼田市をアピールできたはずである。しかし，これまでは，上下の町が連携しつつメリハリあるまちづくりをしてきたとは言えない。壮大な段丘崖という地域資源を有効に活用することで，観光吸引力を増強し，地域ブランド化を図ることができよう。

〔注〕
1）戸所　隆（1991）「京都型都市開発（上）（下）」京都新聞 1991年9月17・18日付．
　戸所　隆・江口信清ほか（1991）「小京都調査から何が分かったか」立命館地域研究（立命館大学人文科学研究所）2，pp.136-157.
　戸所　隆（1993）「東京型都市開発と京都型都市開発」『転換期に立つ地域の科学』古今書院，pp.202-208.
2）戸所　隆（1996）「新しい京風空間の創造－歴史都市の未来－」『京が甦る』淡交社，pp.146-159.
3）戸所　隆（1989）「地域再活性化計画と地理学－草津市を例に－」立命館地理学　1，pp.77-91.

第6章

芸術・文化を活かした観光まちづくり

1．美しいまちと人間性豊かな人々を生み出す芸術・文化活動

　「地域と芸術の関係」に関して，著者は次のような基本的認識を持っている。すなわち，人間の美的感覚・美意識の総体が芸術であり，芸術は人間性の発露と言え，個々の人間の教養性に起因すると考える。そのため，芸術活動の盛んな地域は，教養に富む人間性豊かな人々の多い地域である。そうした人々の多く住む地域では，一定の美的感覚に基づく美しいまちなみ，安定した生活環境に優れた地域社会が創造され，結果として経済的にも精神的にも安定した，多くの人々から愛される観光のまちになる。

　文化・芸術は人々の心をとらえ，ライフスタイルや消費行動にまで影響する。そのため，芸術活動を活発にする環境整備が，快適な活力のあるまちづくりには不可欠となる。たとえば，近所に宝塚音楽学校で学ぶ人がいることで，地域の人々が自然に歌劇や芸術に触れることになる。それがその地域の文化力を高め，経済や政治の活性化にもつながるのである。

　芸術は地域の文化イメージを高め，まちづくりにも大きく貢献する。兵庫県尼崎市はかつて，阪神工業地帯の主要な重化学工業都市であった。しかし，1960年代後半になると公害問題の発生で劣悪な環境イメージが強まり，1970年代には先端産業都市への転換やそれを支える人材の吸引にそのイメージがマイナスに作用した。そこで尼崎市は1980年代に「尼崎は変わる」をキャッチフレーズに，尼崎ゆかりの近松門左衛門（浄瑠璃・歌舞伎脚本作家）を主題にイメージ転換戦略にでた。

　すなわち，近松ゆかりの土地や施設の整備で文化都市のイメージを強調し，子供から大人に至る各種芸術団体の結成，その練習場所や公演場所の整備で文

写真 6-1　尼崎市の文化芸術活動拠点の一つ，総合文化センター
写真中央が総合文化センター。左の低い建物がアルカイックホール。

化振興に努め，成果を得てきた[1]（写真6-1）。今日でも尼崎市総合計画で「近松のまちあまがさきの推進」を主要課題にあげ，近松文化の市民への浸透をハード・ソフト両面から推進し，「近松のまち」のイメージを国内外に広めるため，地域アイデンティティの確立を図っている。

　文化・芸術に優れた地域社会を創造するには，生涯学習システムとしての教養教育を，幼児期から充実させることが不可欠である。芸術に理解のない教養に欠ける市民の多い地域社会は，調和に欠けた雑然とした都市となる。また結果として，明確な都市メッセージのない地域経済の未熟な都市が多い。市民に芸術的教養のない地域は，美しいまちを創ることも，経済社会的に活性化したまちを創ることもできず，そうした地域では豊かな市民生活も送れないと著者は考えている。こうした認識にたって本章では，都市にとっての芸術・文化の意味，芸術・文化の効用，芸術・文化と観光まちづくりとの関係について検討してみたい。

2．知識情報化社会のまちづくりに欠かせない地域性豊かな美意識

　産業革命後の日本は，欧米先進国に追いつき追い越すために，効率の良い中央集権体制を築き，経済を中心軸に国づくりをしてきた。官民あげての国づくりへの努力は，特に第二次世界大戦後の高度経済成長で実を結び，アメリカ合衆国に次ぐ世界第2位の経済大国となった。

　今日の日本の経済力がいかに強大であるか，外国生活をした時，日本人はそれを実感する。また，日本にあっても，地方の人間が東京へ行くと，ある種の経済的豊かさを感じさせられる。しかし，多くの日本人は必ずしも豊かさを感じていない。むしろ，日本より経済力の弱い国々が，日本より豊かな生活をしていると考える日本人が多くいる。経済力を持ち，恵まれた生活を送っているにもかかわらず，多くの日本人がなぜ豊かさを実感できないのであろうか。その理由として著者は，地域文化に育まれた精神的満足感の欠如があると考える。

　日本人の多くは，欧米の街を美しいと感じ，あのような街を創りたいと言う。しかし，現実にそれを創ろうと行動する人はきわめて少なく，いざ創ろうとしても意見が分かれ，行動に移れない。その結果，各人の嗜好に基づき世界各地の文化・資材が使われた統一性・地域性のない景観となる。それは日本国民が都市計画規制・環境規制を嫌い，自由を求める結果である。しかし，美しい街を創るには，地域に生きる人々が共有すべき美意識・哲学と，それを具現化するための制度が不可欠となる。それなくして，多様な価値観を持つ人々が多数集まる地域に，時代を超えて特色ある美しい街を創ることはできない。

　ところで，今日の日本の街は，明治以降の近代化政策によって形成されてきた。この近代化政策では効率良く欧米先進諸国に追い着き追い越すために，中央集権型統治システムが導入された。そこでは特定のモデルを基に地域づくりが進められたが，日本人の勤勉さも手伝って，モデルに基づく地域形成が一気に進んだ。その際，モデルとなったのが東京であり，結果として東京を最高位に位置づける階層的意識が醸成された。ここに画一的な地域づくりという近代

116　第Ⅱ部　文化を創造する観光まちづくり

写真 6-2　群馬県渋川市赤城町三原田の農村歌舞伎（国重文）

化政策に基づく日本の地域づくり哲学の基本原理がみられる。また，"画一的な地域づくり"を基本原理とすることは，規格大量生産を旨とする工業化社会の形成には好都合であり，日本に急速な工業発展をもたらした要因でもある。

他方で"画一的な地域づくり"は，産業革命以前の農業社会に見られた多様な地域文化や地域性を，古いもの，価値の低いものとして悉く退けることになった。しかし，中央集権国家の首都にして初めて可能な東京モデルを地方都市が造ろうにも，似て非なるものができるだけである。地方都市の中心商業地に「銀座」を冠しても，没個性化した二次的な繁華街ができただけであった。

1980年代の情報革命によって画一的な工業化社会も終焉を迎えた。「銀座」を冠した中心商業地は，地域の人々から見捨てられつつある。今日では知恵の時代における情報化社会の構築が課題となっている。知識情報化社会を実現するには，工業化社会によって構築された東京を頂点する階層ネットワーク型国土構造から，地域間に上下関係のない水平ネットワーク型国土構造に転換しなければならない。そこでは地域文化を醸成し，それぞれの地域から個性豊かな情報を発信する必要がある。農業時代には僻地といわれる地域にあっても，文化的価値の高い農村歌舞伎や多くの地域芸能が数多く存在していた（写真6-2）。今日では地域の人々が，それらの伝統を活かし，新しい時代に対応した

地域性豊かな芸術文化を創造し、"地域特有の美意識・地域づくり哲学を共有したまちづくり"が行われねばならない。

3．芸術・文化の地域ブランド化と都市再生・観光まちづくり

"地域特有の美意識・地域づくり哲学を共有したまちづくり"方策として，芸術・文化の地域ブランド化がある。また，街のイメージづくりには，多くの人々がその街への関心を高め，それを持続させることが求められる。その実現には芸術・文化のブランド化が効果的であり，地域ブランド化は金太郎アメの都市・地域再生から脱却する有力な手段となる。

芸術・文化の地域ブランド化には，まず夢のある地域ビジョンの策定が求められる。次に，人材を確保・育成するために，①アカデミーを創設する必要がある。また，②指導体制を確立し審査能力の確保を図らねばならない。さらに，③ホール等の施設を整備し，④マスコミなどによる情報発信力の構築が欠かせない。歌劇を地域ブランド化した宝塚はそれを具現化した典型といえる。

宝塚の今日的な発展は，1907年の箕面有馬電気軌道（現・阪急電鉄）の大阪梅田・宝塚間開通に始まる。それを契機に宝塚新温泉という遊園地が設立され，少女から成る「宝塚唱歌隊」が1914年に初めて誘客企画として公演した。その後，①1919年設立の宝塚音楽歌劇学校（現・宝塚音楽学校）を母体に「宝塚少女歌劇団」が誕生し，②宝塚音楽学校への入学と卒業はその審査能力と指導体制への信頼から生徒達の一流性と将来性を保証するものとなった。さらに，③阪急電鉄という強力な親会社のネットワークが，情報発信に大きな力を発揮した。その結果，④大階段，せり，花道，銀橋などの大がかりなセットをもつ宝塚大劇場が，タカラジェンヌの晴舞台として年間100万人以上の観客を吸引している[2]。

一般に芸術・文化を地域ブランド化するための成立要件には，①差異化，②約束性，③顧客満足，④一流性，⑤発展性がある。宝塚は，①差異化として他に例を見ない少女歌劇というジャンルの確立を見た。また，②の約束性では，宝塚音楽学校に入学することによって，一定レベルの芸術性・礼儀作法の修得

写真 6-3
上）宝塚歌劇場全景
歌劇場バウホールは右の建物。
中左）宝塚創設者・小林一三像
小林は阪急創設者。
中右）宝塚音楽学校
下）阪急宝塚駅
歌劇場に統一されたデザインの駅舎。

と将来性が約束される。そのため，③の顧客満足では，生徒やその父母および観客を宝塚ファンにするだけの満足感を与えている。さらに，一人一人の素質を評価し，徹底した訓練により育て上げたタカラジェンヌに，④他に追随を許さない一流性の宝塚ブランドとしての社会的地位を与えている。そして，⑤宝塚歌劇団は東京その他の都市へとその活動範囲を拡大発展させるとともに，歌劇・音楽のまちとして宝塚市民の生活を豊かにする発展性を持つ。

宝塚は少女歌劇団を中核にして，芸術を地域ブランド化することに成功した。それによって宝塚の都市イメージは高まり，多くの観光客をも受け入れている。また，宝塚に集う人々がさらに多くの人々を吸引し，宝塚の都市ステイタスを上昇させてきた（写真6-3）。

同様のことが，倉敷市にもいえる。倉敷市は水島コンビナートなど巨大な重化学工業地域を抱え，そこからの税収が大半を占める。しかし，一般の国民が認識する倉敷は，大原美術館などの並ぶ美観地区である。そのことによって，倉敷市の都市イメージは高まり，多くの観光客を吸引し，都市活性化に大きな働きをしている。

このように，中央・地方を問わず，身近な地域に本物の芸術・文化を育成・振興し，それを地域ブランド化することによって，精神的にも経済的にも豊かなまちづくりができる。芸術・文化の地域ブランド戦略は，知識情報化社会に対応した都市の再生戦略であり，観光まちづくりへの有力な手段となる。

4．まちづくりからみた「見る芸術」

市民が芸術と関係を持つ場合，「見る」立場で関わる時と「する」立場で関わる時とがある。芸術・文化を活かしたまちづくりは，この両面から考えねばならない。

1）誰もが芸術鑑賞を楽しめる環境整備

「見る芸術」では，芸術鑑賞のできるホールや展示場などの立地場所の選定が，第一の課題となる。その立地条件としては，①誰にもわかりやすい場所で

あり，②開演時に集中する来場者をスムーズに処理できる交通環境，③鑑賞後に親しい人々で集える食事・買い物・散策環境が整っている地域が望ましい。そうした視点から，芸術鑑賞施設の立地場所は，公共交通体系の整備された中心市街地が最も適している。

現実にこの種の芸術鑑賞施設は，大都市では都心に多く，中小都市では郊外に多い。そのため，大都市では上記条件を満たすところが多いが，地方都市では多くの問題を抱えている。特に自家用車対応施設の場合，1,000人前後の催し物では駐車場不足と，開演時・終演時に発生する集中交通量に道路環境が対応できず，大渋滞が発生する。また，大規模な駐車場がない限り，大きな催しの場合は詰めて駐車させるため，途中退出ができない事態も発生する。また，自家用車利用者以外は会場へのアクセスが悪いため，鑑賞したくても出来ない事態も生じている。

同時に，地方都市では施設規模の問題もある。たとえば，魅力的な有名アーティストによる公演には，地方では一日の開催でも1,000万円前後を必要とする。地方都市に多い収容観客数1,000人以下の施設では，入場料1万円以上としない限り赤字になるが，地方で入場料1万円を設定するのは大変難しい。そのため，多額な補助金なしでは質の高い魅力的な公演はできない。こうした問題に対応するには，メリハリのある施設配置が地方にも求められている。

地方都市では各自治体ごとに，近接して多くの類似した小規模文化施設の設置がみられる。そうした施設も小規模な催しには効果的であるが，前述の問題を抱える。そのためには自治体が協調して共同運営型の大規模ホールを設置するなど，地域間連携が必要となる。交通利便性の高い東京においても，大規模ホールまで自宅から1～2時間費す人々が多い。地方においても，多彩な芸術鑑賞のできる環境整備が知識情報化社会には不可欠であり，観光まちづくりへの必要条件でもある。

2）情報収集力・集客力・コーディネート力を持つ人材の確保

地域資源を活かして「見る芸術」を育成し，市民の芸術的教養や美意識を高め，芸術・文化をまちづくりに役立てるには，可能な限り多くの市民を鑑賞会

場に集めることが重要となる。それは芸術鑑賞を経済的にも観光資源として成り立たせるためにも必要なことである。

それには、地域資源としていかなる芸術・文化がその地域に存在するか、地域の人々の要望する芸術を可能にする資源がどこに存在するか、これらを把握する情報収集力が求められる。また、地域資源としての芸術・文化と他の芸術文化を交流させ、そこから新たな芸術・文化の創造や地域力の向上を図るためのコーディネート力が欠かせない。

多くの人々と多彩なネットワークを持ち、こうした情報収集力・集客力・コーディネート力を発揮できる人材が、芸術・文化を活かした観光まちづくりには不可欠である。

3）「見る芸術」の地域活性化・観光まちづくりへの波及効果

芸術鑑賞は市民の芸術的センスを磨き、教養を高め、美しいまちを創る心理的効果をもたらす。しかし、芸術鑑賞は一度に多くの人々を動員するため、そうした効果以外にもさまざまな波及効果を生み出す。それをいかに地域活性化に活かすかが、個別都市の課題である。

たとえば、芸術鑑賞後における人々の購買力を喚起することによって地域経済は潤う。鑑賞者の多くは、非日常の芸術鑑賞の余韻を大切にしたいと思うものである。そのため、鑑賞後に家族や知人と歓談・飲食の時間を取りたいと思う人が多い。また、歓談・飲食後の購買行動でも、日常とは異なる精神状態で、比較的高級な商品の購買率が高まる。こうした状況を創り出すためには、芸術鑑賞場所が魅力的な中心商業地にあり、公共交通も発達していなければならない（写真6-4）。

郊外にポツンとあるホールや展示場では、終演後の食事・買い物・散策環境も不備なため、そうした行動は起こらない。公共交通のない郊外では、終演後は一目散に自家用車で家路につくだけで、鑑賞者相互の交流による新たな文化創造も、経済的波及効果も少ない。その結果、多大な負担を払って開催した貴重な公演や展示が十分に活かされず、芸術・文化による観光まちづくりへの貢献も十分にできない。

122 第Ⅱ部 文化を創造する観光まちづくり

写真 6-4 シンガポールの夜の賑わい
上：劇場，下：野外で飲食を楽しむ人々

　芸術鑑賞後の余韻や飲食時の会話からも，自然に美意識は培われるものである。魅力的な中心商業地と公共交通の発達した大都市ではそれが出来る。他方で，自動車社会で中心街の衰退した地方都市ではそれが出来ない。地域資源を活かした芸術・文化の観光まちづくりは，内発的に地域に輝きを取り戻す活動でもある。地域独自の精神的豊かさを実感させるまちづくりを着実に実現しない限り，大都市と中小都市との格差は知織情報化社会では拡大するばかりであろう。

4）教育とまちづくりの連携した芸術環境の創造

　自治体の財政難から，公立の博物館・美術館の休館や統廃合が増えつつあるという。こうした文化施設の管理・運営費が自治体予算の歳出全体に占める割合は，たとえば 11 の博物館・美術館を持つ千葉県でも 0.2％にすぎず，さほど多くない[3]。しかし，財政悪化で真っ先に予算削減の対象になるのが，文化

施設である。そうした事態を招くのは，知織情報化社会の教育・まちづくりにおいて，文化施設の重要性に対する市民コンセンサスが出来ていないことによる。市民が芸術的教養を持たなければ，美しいまちを創ることも，まちを活性化することも，豊かな市民生活も送れない。

　優れた芸術の鑑賞は，意図して行動しない限り難しい。優れた芸術を求める心は，幼児期から優れた芸術環境のなかで生活することから生まれる。それには学校教育と連携して，そうした環境を構築することが現実的である。芸術鑑賞を提供する施設を，公的補助金なしで管理・運営できるケースは稀といえよう。そこで教育機関への公的補助金を増額し，積極的に児童・生徒への芸術鑑賞の機会を増やすことが考えられる。それによる博物館・美術館，芸術ホールへの固定的入場者の増加で，文化施設の経営状態を改善すると共に，児童・生徒の芸術的教養をも高められる。

　幼児期から優れた芸術環境のなかで生活させることは，地域資源としての芸術文化を発掘し，育て，まちづくりへと活かしていく人材の育成にもつながる。文化施設の管理運営を教育委員会に限定せず，まちづくり・都市づくり全体との関係で捉え，物心両面から豊かな観光まちづくりを図ることが重要である。

5．「創る芸術・する芸術」とまちづくり

1）特定芸術の振興と地域活性化への活用

　芸術が職業として成り立つまちには，知織情報化社会をリードする創造的産業を生み出す土壌がある。アメリカ合衆国の多くの都市では，ポスト工業化社会の構築に合わせ 1970 年代後半からの都心再活性化事業に際し，地域資源を活かしたエンターテインメントの創造と会議都市化を推進してきた。

　知識情報化社会では会議都市化によって人々の交流が活発になり，都市に活力を呼び込むことになる。この会議都市に不可欠な機能が，会議に集まった人々を楽しませる地域独特のエンターテインメント・芸術である。また，こうしたエンターテインメント・芸術の存在が，その都市のイメージと知名度を高

め，広い地域から人々を吸引する役割を果たす[4]。

会議都市として著名なニューヨークにはブロードウェーのミュージカルその他がある。また，ニューオーリンズにはジャズ，ラスベガスにはサーカスとギャンブル，ホノルルにはフラダンスがあり，それによって会議都市・観光都市として世界的な知名度と顧客吸引力を誇っている。

2）特定芸術の拠点にするシステムづくり

ニューオーリンズといえばジャズ，カントリーミュージックといえばナッシュビル，宝塚といえば少女歌劇が誰の頭にも思い浮かぶ。このように，都市名や芸術名を言うことで特定の芸術名や都市名が想起できる特定芸術の拠点化が，これからの日本のまちづくりにも求められる。そのためには都市の歴史や地域資源を活かした「創る芸術・する芸術」を育成しなければならない（写真6-5）。

「創る芸術・する芸術」の育成には，宝塚を例に「芸術・文化の地域ブランド化と都市再生・観光まちづくり」で述べたように，特定芸術に関するアカデミーの創設・練習施設と公開発表施設の整備，人材の集積，マスコミとの連携，サポーターの育成が必要である。その上で，その芸術に適した育成システムを創らねばならない。その際重要なことは，その都市で一定の評価を受けた人がその部門で将来が約束されるシステムを構築することである。アカデミー賞の創設などはその一例といえよう。

たとえば，ある地方都市を民謡のメッカとするにはどうしたらよいか。その場合まず，その地方都市で年数回の民謡コンテストを開催する必要がある。それには当該都市での開催理由が必要で，これまでに民謡で何らかの全国的イメージを持っているか，強烈に「民謡のまち」としてのメッセージを発信しなければならない。その上で，その都市での民謡コンテストで一位入賞すれば，その後の民謡歌手としての活躍を約束するシステムの構築が不可欠となる。それにはNHKをはじめ放送・新聞などマスコミの民謡部門が拠点を当該都市に置き，民謡コンテストの全国放送および一位入賞者の顕彰などを全国ネットで継続的に情報発信する体制づくりが求められる。

第6章 芸術・文化を活かした観光まちづくり 125

写真6-5 カントリーミュージックの拠点ナッシュビル (USA)
 上) 街中で演奏するミュージシャン
 中) 都心のエンターテインメント・センター
 下) 音楽関連企業の集積するナッシュビル・ロウの一角

写真 6-6　都心の広場で家族演奏（ドイツ・ベルリン）

　以上のことを実現するにはその前提として，その都市に民謡歌手志願者を育成するアカデミーの存在が欠かせない。全国各地から集まった多数のアカデミーの学生たちが，練習を兼ねて街角でいつも民謡の生演奏を行う環境も生まれる。彼らによる街角民謡ライブが存在するだけで，街の魅力が高まり，特定芸術の拠点化と共に観光まちづくりにも大きく貢献するものと考えられる。

3）広範な市民によるサポート・システムの構築

　「創る芸術・する芸術」の育成には，市民誰もがその芸術に親しみを感じ，実践する必要がある。技術的には拙くとも，自ら演奏したり，描いたりする人は，芸術に対して理解を示し，その発展に努力を傾ける（写真6-6）。そうした人々が多くいることで，街角で楽器を演奏したり絵を描く苦学生に，誰とはなしに自然な形で支援の手を差し伸べるようになる。そうした環境づくりが重要である。また，教育・福祉機関などと連携し，発表と生活の糧を得る機会を与え，芸術家を目指す人材の集積と芸術家の底辺を広げる必要がある。

　こうした環境づくりは，前述の特定芸術の拠点システムを創る上でも，「見る芸術」を楽しむためにも必要となる。特定芸術の拠点があることによって，街全体にその街特有の芸術文化が自然な形で強く感じられるようになるであろ

う。こうした市民と芸術家とアカデミーを一体化した環境づくりが，芸術文化を活かしたまちづくりの基本である。

6．国民の文化意識と地方都市における文化芸術振興政策の実態

1） 文化投資に積極的な国民意識

総理府広報室が 1996 年に実施した「文化に関する世論調査」から，文化に対する国民の意識を見てみたい。この調査は 5,000 人を対象に，面接聴き取り法で実施され，その有効回答数は 73.4％であった。

日本国民の文化意識は，調査結果全体からみて，相当高いといえる。すなわち，"日本は文化を大切にする国" と思う人が 62.8％もいる。また，"文化を大切にすべき" と思う人は 96.7％（そう思う 66.8％，どちらかと言えばそう思う 29.9％）に達する。さらに，"日常生活の中で，優れた芸術・文化を鑑賞したり，自ら文化活動を行う" ことを大切と思う人も 92％と多い。

しかし，意識に比べ，文化に関する国民の活動実績は高くない。すなわち，過去 1 年間に芸術を直接鑑賞した人は 51.9％である。鑑賞しなかった理由としては "時間がとれない" の 52％，"近くで機会がない" の 21％が多い。芸術鑑賞への国民意識は高いので，身近な地域での条件整備を充実させることによって，文化に接する人は増加すると思われる。

しかし他方で，「創る芸術・する芸術」は低調である。すなわち，82.1％の人が実際に "自分で演じたり創った芸術" を持たない。また，69.7％もの人が自分で芸術活動をしたいと思っていない。芸術を活かしたまちづくりには，市民が広範に「創る芸術・する芸術」に携わることが重要である。今後の文化政策では，「創る芸術・する芸術」のための環境整備に重点を置く必要があろう。

「文化に関する世論調査」で見る限り，文化投資に関する国民意識は低くない。"文化投資が経済社会に影響を与え，地域の活性化につながると思う" と肯定的に考える人は 79.2％（そう思う 35.2％，どちらかと言えばそう思う 44.0％）いる。他方で，文化投資を否定的に考える回答者は 8.4％にすぎず，12.4％の人は「わからない」との回答である。こうした傾向を反映して，"文化

は国や社会の基盤の一つで公的な整備課題"と考える人々が79.4％（そう思う36.0％，どちらかと言えばそう思う43.4％）と多くなる。

　"まちづくりに文化を活かすには国・地方公共団体は何をすべきか"を複数回答で求めている。その結果，'歴史的な建物や遺跡などを活かしたまちづくり'が41.8％で最も多く，次いで'地域の芸術文化団体・サークルの育成や援助'の35.1％，'文化フェスティバルなど文化行事を開催'の29.7％，'まちのデザインや公共施設の整備に芸術的感性をとり入れる'の29.4％などが多い。これらは，市民が何らかの形で関わらなければ成り立たないものである。すなわち，文化を活かしたまちづくりに積極的に関わろうとする意識が国民に醸成されてきているといえよう。それだけに，やや他力本願的な'国内外の芸術家や芸術団体を活動や研修のために一定期間滞在させる'を支持する人は11.2％と少なくなっている。

　このように，日本国民の文化芸術活動に関する意識は高く，かなり積極的であるといえる。そこで，市民の文化芸術活動に対し，「国や地方公共団体はどのように力を入れたらよいか」についての調査結果（複数回答）を見てみよう。結果は回答の多い順に，①文化施設を整備充実（45.4％），②指導者を養成派遣（31.5％），③学校や文化施設で芸術鑑賞教育（31.2％），④文化に関する情報提供（30.5％），⑤文化活動に支援・補助金（29.7％），⑥文化事業・文化行事を実施（26.2％），⑦文化活動の国際交流（23.4％）である。「文化施設を整備充実」が過半数近くあるものの，全体として意見は分散傾向にある。また，ハードとソフトの両面にわたる要望となっている。

　以上のように，まちづくりへ芸術を活かす日本国民の意識は，かなり成熟している。市民生活の文化芸術活動が，経済活動を側面的に支える役割も大きい。しかし，経済的に成り立つ文化芸術活動はほとんどない。そのため，文化芸術活動によって生じる間接的経済効果を的確に評価し，文化芸術活動に財政支援のできる環境づくりが求められている。

2）伝統芸能に関する国民意識

　総理府広報室が1996年に実施した「文化に関する世論調査」によると，日

本人は次のものに「文化」のイメージを感じている（複数回答）。すなわち，①伝統的なお祭り・行事・芸能（41.0%），②歴史的遺産の保存（38.0%），③美術・音楽など芸術の隆盛（34.4%），④生活の中から生まれた知恵や工夫など（22.4%）である。このように，'伝統的なお祭り・行事・芸能'への文化イメージが高いが，次に（財）地域伝統芸能活用センターが行った調査[5]から，伝統芸能に関する国民意識を見てみよう。

　居住地域の伝統芸能に関心を持つ人の割合は39.6%で，関心を持たない人の方が52.4%と多い。関心を持つ理由は，楽しい29.7%，地域の誇り27.0%，身近のもの20.7%が多くなっている。また，関心を持たない理由として，元々興味がない51.0%，時間がない20.8%，魅力ある公演がない17.1%などがある。

　居住地域以外の伝統芸能に関心を持つ人の割合は47.0%，関心を持たない人は47.4%と，両者がほぼ拮抗する。関心を持つ理由は，楽しい41.7%，有名だから19.4%，生活に潤いが得られる16.8%が多い。この数字は居住地域の伝統芸能での結果とは若干異なる。しかし，関心がない理由は，元々興味がない56.2%，時間がない25.0%，魅力ある公演がない10.7%と，居住地域の伝統芸能の結果とほぼ同じである。

　ところで，地域づくり・まちづくりに居住地域の伝統芸能を活かそうと考える人々は多い。それは（財）地域伝統芸能活用センターが行った調査（三つまで複数回答可）からも読みとれる。すなわち，伝統芸能が'地域住民間のコミュニケーションの仲立ちになる'と考える人が42.9%を数える。また，伝統芸能が'地域の歴史・文化等の正しい理解に不可欠'とする人は33.3%，'地域住民に誇りや生き甲斐を与える'が30.8%，'地域の個性や魅力の源泉'29.1%，'将来の地域文化の向上発展の基礎'となると考える人が25.2%いる。なお，回答者の40%が，居住地域における伝統芸能の振興には住民が中心的に関わるべきと考えている。

　国や地方公共団体に求める伝統芸能振興策は，'後継者養成'43.1%が最も多い。次いで'手頃な経済負担で鑑賞できる公演の実施'が31.1%で第2位，第3位が'学校教育で伝統芸能を取り上げる'24.4%である。また'伝統芸能に関する情報の提供'が23.8%でそれに次ぐ。これ以外にも'地方での公演機会

の増加'など，いずれもソフト事業に対する要望であり，ハード事業の劇場・ホールの新設に関する要望は8.7%にすぎない。

　こうした伝統芸能や地域文化の調査結果には，共通した思想が感じられる。すなわち，地域住民が誇りに思う芸術・文化のあるまちには，それを支える町衆が存在することである。町衆にとって地域に根ざした芸術・文化は，アイデンティティの柱となる。また，地域イメージを高めるためには，その芸術・文化を育んできた町並みの存在が重要である。

　このように，地域の誇りとする芸術・文化とそれを支える町衆の存在，また芸術・文化をイメージアップする町並みが三位一体となって，芸術を活かした観光まちづくりは可能となる。

7．芸術・文化創造のできる都市基盤と都市環境の整備

1）まちづくりに芸術・文化は不可欠

　美術館・ギャラリーのないまちに，美的感性・デザインを持つ市民は育たない。美術館・ギャラリーのある環境が人材を育成する上で重要であり，美術館・ギャラリーを含め，人々の交流できる日常生活空間の整備がまちづくりには重要となる。

　しかし，こうした文化施設も，ただあれば良いというものではない。高度経済成長以降のまちづくりは，東京モデルを追い求め，地域多様性の視点をおろそかにした。そのため，地域の芸術・文化が衰退し，結果として地方のまちの活力が失われてきた。また，経済のみならず芸術・文化面においても東京一極集中現象が惹起し，日本のあらゆるシステムがおかしくなってしまった。

　文明は枠組み（ハード）で，文化は内容（ソフト）といえる。文明は人間の活動を方向付ける舞台・空間を意味し，文化はその舞台・空間で演じる個々の人間行動である。文明は大きな時代の変化に伴い，つねに人間の活動空間を変化させていく。地域で生きる人々が，変化した舞台・空間に対応した技（文化）をその舞台で演じられるかどうかが，その地域の発展・活性化に影響する。

　生活空間の中でいきいきと活動する人々によって，人々の感性と自然環境な

どが止揚されたものとして地域の芸術・文化は生まれてくる。そうした無形の芸術・文化は，活動舞台である地域の自然人文環境の影響を受けつつ"まち"として具現化される。すなわち，文化のないまちはあり得ない。芸術・文化の創造できるまちづくりには，人（ソフト）と都市基盤・都市環境（ハード）の両面が必要となる。

2）文化・芸術は人を基本とし人の集積・交流が重要

明治初年までの農業時代は政治勢力を中心とした時代であった。しかし，産業革命が経済中心の時代へと転換させた。そして今日，政治の安定と経済の自立は文化を向上させ，人々の交流も活発になった。また，通信・交通技術の発達は，人々の交流をますます活発化させ，時間と空間を克服するボーダレスな社会を生み出してきた。

地域は人の集積の結果である。そのため，精神的に自立した人々が，他人や他地域の模倣でなく独自の地域文化を形成しているところに，人々は多く集まる。何も特色を持たない地域は魅力を低下させ，人々の交流から取り残された地域と化す。これからの都市は，産業発展を含め，地域的特色を創造する多士多才な人々の集積如何が発展の鍵となろう。

芸術・文化をはじめ，多様な価値観を持った人間が交流し，それらの価値観をぶつけ合い，結節させることで新たな創造も生まれる。画一的な集団主義から脱却し，自立した個人からなる市民社会・コミュニティをどう造るかが，これからの芸術・文化政策や都市づくりの課題である。

3）交流しやすい基盤整備

創造性豊かな芸術・文化に富む都市空間は，だれでも自由に移動できる交流空間でなければならない。それには，公共交通機関を中核とした交通体系の整備が不可欠である。自家用車普及率の高い都市では，市民の多くは自家用車で自由に移動している。しかし，他地域からの来訪者は，電車・バス・タクシーの不便さから自由に移動できない。

公共交通の未整備な都市では，他地域からの多様な価値観を持つ多士多才な

人々の交流が妨げられる。そのため，人々が価値観をぶつけ合い，結節させることで新たな芸術や文化を創造することも難しい。また，地域に居住する人同士でも，車社会では気軽に酒を酌み交わしながら会話を弾ませることもできず，密接な交流が不可能となる。観劇後のひと時，ワインを飲みながらゆったりとした気分で語り合う人々も極端に少ない。そのため，質の高いレストランも繁華街も発達せず，結果として芸術・文化活動が低下してくる。

交流社会では人々の移動性を高める必要性がある。それには交通基盤整備以外にも，都市ホテルの充実と安価で良質な短期居住型住宅の提供が不可欠となる。また，基礎教育はもちろん，幼児から高齢者まで多彩な人々が自由に学べる生涯学習システム（大学・図書館・博物館・美術館などを含め）の充実が，都市の交流性を増進し，芸術・文化創造を支援する。

芸術・文化活動を活発化させるには，基本的に地域間結合・人間関係においてボーダレスかつ水平結合でなければならない。都市規模の大小や地位の上下でなく，その都市や人々の持つ特異な技能や能力の有無でその価値を評価すべきである。そうした水平ネットワーク構造を旨とする意識構造を持つ市民の存在の多寡も，精神的活動の交流基盤として重要になる。

4）芸術・文化を創造する積み重ね型都市

ボーダレスな時代には個々の都市にもアイデンティティの確立が求められ，それが不可能な都市では文化創造（自己実現）はできない。すなわち，多くの人々を吸引する魅力に溢れ，地名を聞くだけでイメージの湧く，個性的なまちづくりが求められている。

個性的なまちづくりには，頑固さと柔軟さの共存が必要である。すなわち，都市の持続的発展を図るには，都市の構成要素をストック（蓄積）とフロー（消費）に二極分化し，保存すべきものは保存し，更新すべきものは更新することが重要となる。京都はそうした活動を永年続ける中で，祇園，室町，西陣，伏見など，地名を聞くだけでイメージの湧く個性的なまちを創ってきた。また，そうした個性的なまちの集合体としての京都が構築されている。

京都は個性的なまちを創造するために，保存すべきものは保存しながら一定

写真6-7　京都のシンボル・東寺の五重塔と伏見のシンボル酒造蔵

の空間内での文化・歴史を積み重ねながらまちづくりを行ってきた。すなわち京都のまちづくり哲学として重要なことは，時を超越して都市空間を重層化させ，どこにも真似のできない個性追求型の積み重ね都市（シンボル空間）を形成してきたことにある（写真6-7）。画一性から脱却した芸術・文化を創造しうるまちは，こうした積み重ね型都市である。

5）評価システムの確立

　芸術・文化をまちづくりに活かすには，芸術・文化をきちんと評価できるシステムを持たねばならない。東京の感覚で評価する場合と，地域性を活かした

地方の感覚で評価する場合で，都市の芸術・文化を創造・育成する方法も違ってくる。地方都市の中には，東京や京都の芸術や文化活動は高く評価し，身近な芸術や文化を低く見なすところもある。また，芸術家本人の力量を見て判断するのでなく，その人が所属する機関名や団体名で評価する傾向にある。このように，地域名や機関・団体名だけで評価するようでは，地方都市の自立はあり得ない。東京や京都の文化的植民地になっていては，"芸術・文化を活かした観光まちづくり"は不可能である。

誰もが納得する評価システムを持つ都市には，多くの人が集まり，文化が創造され，多彩な情報も発信されるようになる。評価システムがしっかりしていれば，物に対してだけでなく，人（知識・文化など）にも金を支出できるようになろう。身近な文化人・芸術家を低く評価して，正当な報酬を支給しないような地域では，人・文化は育たず，魅力ある観光まちづくりもできない。

8．『地域芸術文化基本計画』策定の必要性

日本は今，観光立国を目指している。観光はその都市・地域の景観をはじめ，衣・食・住をベースにした総合的事業である。そのため，それぞれの都市・地域は政治・経済・文化すべてに関わる総合的な魅力度を高めることが求められる。それを実現するための基礎として地域の教育力が問われる。また，市民の教養を高め，もてなしの心を育む芸術・文化活動の振興が必要となる。

各都市における地域資源を活用した芸術・文化の振興は，まちづくりに資するだけでなく，その地域のアイデンティティを高め，新たな観光資源としても重要となる。そのため，日本が観光立国を目指すならば，各都市・地域が英知を絞って『地域芸術文化基本計画』を策定する必要がある。また，地域政策のすべてを『地域芸術文化基本計画』に基づく芸術・文化の振興理念にリンクさせることが求められる。すなわち，すべての地域政策が生涯学習・文化政策に収斂する構造の総合計画を必要とする。それによって地域社会のまちづくり哲学・美意識が，街路づくりにも河川改修にも具現化できるようになる。

都市づくり・まちづくりには，市民一人一人が目指すべき共通の都市理念を

内発的に構築し，自発的に市民各位が共通の都市理念を実現すべく立ち向かう必要がある。そうした共通理念の形成に地域の芸術・文化の果たす役割は大きい。これまでの画一的な東京感覚の都市政策を，分権時代の都市政策へと転換させるためにも，地域の芸術・文化を基底に持つ，独自の『地域芸術文化基本計画』の策定が不可欠である。また，それを市民共有の財産にすることが大切となる。

　なお，本章では芸術文化と観光まちづくりについて論じてきたが，同様なことがスポーツと観光まちづくりの関係にも当てはまる[6]。特に，プロ・アマを問わずビジネスとしてスポーツを捉え，「見るスポーツ」と「するスポーツ」を軸にまちづくり政策を構築することは，これからの時代の大きな課題である。

〔注〕
1) 1986年に尼崎市で開催された日本都市学会大会における現地視察と尼崎市担当者の説明による。
2) 現地調査と『宝塚市勢要覧2004』（宝塚市）を参考にした．
3) 日本経済新聞2004年2月28日付け，文化欄「公立博物館・美術館リストラ広がる」．
4) 戸所　隆（1991）『商業近代化と都市』古今書院，333p.
5) 地域伝統芸能活用センター（1999）『通商産業省平成10年度地域商工業振興事業調査・基本調査・国民意識調査』．
　　調査は層化2段無作為抽出した全国20歳以上の男女個人2,000人に1999年1月に個別面接調査を実施した。有効回答数1404（70.2％）。筆者は調査研究委員会委員長として参画した。
6) 戸所成之（2005）「プロサッカークラブを活かした地方都市の再生方策－ザスパ草津と前橋－」えりあぐんま11, pp.1-24.

第Ⅲ部　観光まちづくりとしての再生戦略

　第Ⅰ部，第Ⅱ部において，日常空間・地域資源を活かした創造型地域政策としての観光まちづくりについて論じてきた。そこでは，住み続けたい地域づくりこそ観光政策であり，そのために時代の変化に対応した観光・都市政策の方向性を官民協働で創造していくことの重要性を指摘した。特に観光地域政策にとって，高速交通環境整備への対応が重要となる。また，創造型地域政策としての観光まちづくりにおいては，地域の芸術・文化を活かした観光まちづくりが求められる。それらを創造的に発展させるためには，土地利用・景観制度導入政策が欠かせず，東京型・京都型まちづくりを活かした第三のまちづくりの模索の必要性も論じた。そこで第Ⅲ部では，以上の視点を活かした具体的な政策提言について，前橋・高崎の中心街を例にみてみたい。

第7章

地域資源を活かした観光まちづくり中心街再生戦略
―前橋のメディカル・ツーリズムを例に―

1．ビジター産業創生による交流人口の増加

　交流人口を生み出す産業がこれからのまちづくりには不可欠である。観光は交流人口を増加させ，域外から富をもたらす産業として，当該都市経済を潤す。そのため，交流人口を増加させるビジター産業の創生が重要となる。
　中心市街地も，商業だけでなく広範な機能でビジターを吸引する再生政策が求められる。国の新しい中心市街地活性化政策の方向性も，商業中心から多機

能が集積・結節する空間形成へと変化した。個性豊かで生活利便性も高く，行財政的にも効率のよいコンパクトなまちはその一環である。その成否はいかに中心市街地の魅力を高め，交流人口を増加させられるかにあるといえよう。

多様な都市機能の集積したコンパクトなまちは，自動車交通中心ではなく，歩いて暮らせるまちとなる。歩いて暮らせるまちは来訪者にも移動しやすく，交流しやすいため，ビジター産業の育成に欠かせない。また，多機能型中心市街地への転換には，他の地域とは異なる独自の文化政策に基づくサービス産業の創設と活性化が，知識情報化社会ゆえに大きな役割を持つ。そのためにも，歴史的文化遺産や地域性を活かした中心市街地再生方策を見出す必要がある。

そこで本章では，今日的な都市観光の意義と方向性を考えた上で，知識情報化社会における都市観光のあり方と，それを活かした地方都市中心市街地再生について群馬県前橋市を例に考えてみたい。特に前橋では現在，メディカル・ツーリズムによる中心市街地再生を図っており，その視点から地域資源を活用したアーバンツーリズムの可能性を考察する。

２．日常性と地域資源を活かした都市観光

首都東京は日本最大の観光地である。東京のおもしろさは，個性的でコンパクトなまちが集合したモザイク都市にある。しかもそれらが頻繁に運行される公共交通でネットワークされており，誰でも目的地にアクセスしやすくなっている。ビジターはコンパクトなまちそれぞれが持つ，自分の生活空間にはない強い刺激（非日常性）に興味を持つ。それらを自分の好みに合わせ，さまざまに組み合わせて動き楽しめるのが東京の大きな魅力といえる。

成熟社会で息の長い観光資源は，従来型観光資源ではない。ビジターに持続的に刺激を与えるものの多くは，その地域の人々が日常生活の中でつねに磨きをかけ，新陳代謝しているものである。地域の人々にとっての日常性がビジターには非日常性を感じさせるものが，観光における地域資源であり，成熟社会における息の長い観光資源となる。

海外旅行で考えると，そのことがより明らかになるであろう。どこへ行くか

の動機付けは世界遺産のようなものかも知れない。しかし，現地で目にするものの大半は，宿泊拠点となる都市の景観であり，その地域の人々の日常生活である。それらにビジターが非日常性を感じた時，ビジターはその地域に魅力と異質な世界を味わう満足感を得るといえる。そうした異空間での味わいにビジネスや病気回復など実質的な利益が加われば，ビジターにとって長期滞在したり持続的に訪問する都市となる。東京やニューヨーク，ロンドン，パリなどはそうした要素を持つ都市といえ，ビジネスなどとリンクした多くのビジターを吸引する巨大観光地となっている。

他方で日本の地方都市における現状はどうであろうか。日本では産業革命以来，首都東京をモデルに画一的な工業社会の地域づくりが行われてきた。東京といっても浅草や柴又をモデルとしたものではない。オフィス街としては丸の内，商店街としては銀座をモデルに，質量ともに東京銀座に及ばない「〇〇銀座」が全国各地に出現した。また，そうした意識の延長で地方都市のまちづくりが行われてきた。その結果，東京は個性的な街の集合体としての魅力を持つものの，地方には個性のない地域から成る魅力のない都市が多くなった。

しかし，情報革命に基づく今日の知識情報化社会では，地域の個性が売り物になる。それぞれの地域における自然・人文環境から生まれる日常性と地域資源を活かしたまちづくりこそ，情報革命時代のまちづくりであり，新たなビジター産業創出の鍵を握っているといえよう。日常性と地域資源を活かしてビジターを吸引できる都市への再生が地方都市には求められている。

3．都市観光による中心市街地活性化のための条件

1）都市観光に不可欠な居住者満足と誇り

地方都市の中心市街地は今日，衰退が著しい。その要因は資本の論理に基づくミニ東京づくりと，地域の論理に基づく知識情報化社会のまちづくりとのミスマッチにある。中心市街地には建都市以来の地域資源が詰まっている。その再発見・再活用により，新たな地域資源の創造が求められる。そのためには，その地域の日常性を磨くことが重要となる。

写真 7-1　都心周辺部に立地した大型ショッピングセンター

　地方都市郊外にも数千台の駐車スペースと 3 ～ 5 万 m^2 の店舗面積を持つ大型ショッピングセンターが進出している（写真 7-1）。そのため中心商業地の再生は，商業中心性の再生だけでは郊外商業集積を凌駕できない段階にある。商業中心性とともに地域文化を融合した，新たな都市再生方策を見出す必要がある。

　地域文化を活かした地域ブランドの創生に基づくビジター産業の育成は，その一つといえる。それを活用した参加型観光と見学型観光により，その都市の時空間を体感する都市観光が創出できるであろう。それをひとつの新たな交流人口吸引核として地域の魅力を高め，規模は劣るといえども利便性と質の高さに優れた商業空間へと中心市街地を再構築しない限り，地方都市中心市街地の再生は難しい段階にあるといえよう。地域の日常性を磨き，その地域に住む人が満足し他所の人々に誇れる地域にすることが，交流人口を増加させ，地域ブランドを創出する基本といえる。

2）まちづくりの基本・必要条件

　著者は「まちづくり」にあたって，以下の事項が基本的な必要条件と考えている。

① 中心と周辺からなる明確な地域構造　これを実現するには，市街化区域と市街化調整区域の設定など都市計画規制などの強力な土地利用制度の導入が必要となる。地方都市の場合，あまりにも規制が弱く，無秩序な地域構造形成が多い。

② 上下関係のない水平ネットワーク型地域構造　中心と周辺はあっても都市を構成する各地区間に上下関係はなく，多種多様な機能を持つそれぞれの地区が相互にネットワークすることで，全体として利便性の高い都市空間を実現する。

③ 接近性・結節性・移動性による創造力の発現　都市が発達するには，どこからもその都市へ接近しやすい条件が必要である。その主たるものは交通条件といえる。また，集まってきたさまざまな人・物・金・情報が相互に結節し，新たな価値を創造することで，都市の魅力は創出され発展する。その結果として，都市活動のモビリティも高まり，さらに魅力を高めることができる。

④ 時代の変化や科学技術革新に対応した新陳代謝　都市は生き物同様，成長を続けるために，環境の変化に対応してつねに新陳代謝を続けねばならない。ハードとソフトの新陳代謝が停止したとき，その都市は死に至る。時代に対応した店舗が中心市街地に進出せず空き店舗が増加することは，新陳代謝の停止によって都市を死に至らしめる過程といえよう。

3）人々の住みたい・行きたいと思う街

人々が住みたい・行きたい街は，著者のこれまでの都市研究からみて，以下のものである。すなわち，①安全で美しい街並みを持つ街，②特色ある美味しい料理・酒を提供する街，③魅力的な商品を揃え，楽しくショッピングできる商店街のある街，④もてなしの心で満ち溢れた人と街の存在，⑤想い出に残る地域性豊かな芸術・エンターテインメントのある街，である。

4）都市観光活性化への整備条件

日常性を基盤とする都市観光を活性化させるには，以上のまちづくりの基本的な必要条件を満たし，人々の住みたい・行きたいと思う街の条件を整えなけ

ればならない。その上で，以下の具体的な都市観光の活性化に関わる都市整備を行う必要がある。

① 交通拠点と公共交通システムの充実
② 美しい安心感のある都市景観・歩行環境
③ 都市観光に役立つわかりやすいサイン計画
④ 地域ブランドの創出 —— 地域ブランドの成立要件には，a.差異化，b.約束・確実性，c.顧客満足，d.一流性，e.発展性，が必要となる。
⑤ 町衆の存在

4．まえばし健康医療都市構想

人口34万の前橋市は，最高路線地価が県庁所在地で最低になるなど中心市街地の衰退が著しく，都市再生が最重要課題になっている。その切り札として推進しているのが，充実した医療環境と日本有数の生産力を誇る農産物を活かした健康医療都市構想である。前橋市では上記の「まちづくりの基本・必要条件」と「人々の住みたい・行きたいと思う街」を整備しつつ，交流人口とビジター産業を育成しつつ都市観光を活性化する政策を推進しつつある。

1）住んだら離れがたい美しい街

赤城山（あかぎ）・榛名山（はるな）に抱かれ利根河畔に位置する前橋の自然環境は美しい。こうした環境から，前橋は萩原朔太郎（はぎわらさくたろう）など多くの詩人を生み出した「水と緑と詩のまち」である（写真7-2）。また，美しい環境だけでなく，安心して生活できる医療環境が整っている。人口1,000人あたりの医師数は全国有数の4.4人であり，隣接する高崎市（人口37万）の約2倍である。こうした医療文化環境に優れているのは，1943年に文部省直轄の前橋医学専門学校が設置され，1948年には旧制の官立前橋医科大学の設置をみたことが大きい。この旧制前橋医専・旧制前橋医大は1949年に新制群馬大学医学部となり，今日に至っている（写真7-3）。

これまで前橋は外部に対するアピール性に欠けていたが，住んだら離れがた

第7章 地域資源を活かした観光まちづくり中心街再生戦略　143

写真 7-2　「水と緑と詩のまち」前橋
上）赤城山を背景に利根河畔にそびえる群馬県庁
中）中心商業地の広瀬川遊歩道には多くの朔太郎賞受賞記念碑がある
下）市街地には水と緑の公園が多い（敷島公園）

144　第Ⅲ部　観光まちづくりとしての再生戦略

写真 7-3　群馬大学医学部・附属病院（中央の高層ビル群）

い美しい街である。そこで前橋は，総合計画で「いきいき前橋推進計画」を策定し，商工会議所を中心に日常性を活かしたビジター産業の育成として，『地方の元気再生事業』にも指定された「健康医療都市構想」，「まちなかキャンパス構想」，「メディカル・ツーリズム構想」を推進しつつある。

2）治療・健診・予防・健康増進を融合した街づくり

　前橋市内には先進技術を持った多くの専門病院が存在し，「かかりつけ医」の充実のみならず総合病院なども集積しており，他都市より恵まれた医療環境にある。すなわち，群馬大学付属病院を中核に，前橋赤十字病院，群馬中央総合病院，済生会前橋病院，県立心臓血管センター，前橋脳神経外科病院，老年病研究所付属病院などがある。

　これらの多くの総合病院と開業医が相互に連携し，他の都市に見られない高い医療水準の広域医療圏を構築している。その結果，①健康管理・健康増進を日本で最も推進する街づくり，②高度医療を通じて他都市からの患者とその家族の受け入れを推進する街づくり，③健康医療を通じて多様な人々が世代を超えてふれあえる医療を核とした地域振興・街づくりができる環境にある。

3）健康医療都市構想の中核・重粒子線照射施設

医療は誰にも必要不可欠な技術であるが，一般市民にとってその評価は難しい。たとえ多くの総合病院があっても，その内容まで理解して都市経済やまちづくりに医療機関を役立てることは難しい。医療機関をまちづくりに役立てるには，誰もが理解でき，魅力を感じる中核機関や施設が必要となる。前橋が健康医療都市構想を打ち出した背景には，群馬大学に重粒子線照射施設が建設されることがある。

重粒子線照射施設によって「切らずにがんを治す」ことができる。「重粒子の一つである炭素イオンを加速器で光の速さの70％まで加速して，がん細胞に集中照射する」治療ができる。従来の放射線治療はがん細胞のみに照射できないため，正常な細胞にもダメージを与え，副作用をもたらした。しかし，がん細胞の殺傷能力の高い重粒子線を用いることで，「治療期間や治療回数を減らすことも可能で，通常でも4回の治療で済み，最短では1回，すなわち一日でがん治療ができるケースもある」という。重粒子がん治療は現在，千葉の放射線医学総合研究所と兵庫県立粒子線治療センターで行っており，ドイツ・ハイデルベルグ大学と群馬大学に建設中である。

群馬大学に重粒子線照射施設が設置された要因は医学部放射線科の教育研究実績と放射線治療実績による。それは全国の放射線治療認定医の1割を群馬大学が輩出していることからも知られる。こうした人的資源と治療施設によって，前橋市と群馬大学，前橋商工会議所などが連携して，「切らずにがんを治す」というわかりやすい表現によって，前橋を健康医療都市にする構想が進んでいる。

4）まちなかキャンパス構想の推進

前橋ではこれまでも中心商業地での空き店舗や公共施設などを利用して各種公開講座や大学の公開ゼミ・講義を行ってきた。それを活かすと共に，健康医療をキーワードに大学など地域の知的資源を活用して，従来の商業中心の中心商業地に知的交流機能を加えようとしている。その目的は，①群馬県の自然・文化遺産を活用し，②地産地消や食育など「食」をテーマに，③健康づくりを

写真 7-4　前橋プラザ「元気 21」

推進し，④学生・社会人を対象とした人材育成を図り，⑤健康な生活設計の提案・生きがいづくりの拠点を形成することにある。

　中心商業地は今日でも誰もが市内で最もアクセスしやすい空間である。公共交通が衰退しているとはいえ，自家用車を持たない人でも来街できる条件を持つ。そのため，中心商業地を学びの空間とすることで，団塊世代をはじめとする元気で有為な知識や技術を持つ退職者・高齢者を吸引できる。「まちなかキャンパス構想」は，これらの人々に活躍の場を提供する空間形成としても計画された。

　前橋市は 2007 年にまちなかキャンパス構想の中核施設として，約 50 億円を投資して旧西武百貨店の建物を取得・改修し，「前橋プラザ 元気 21」を開設した（写真 7-4）。また，商工会議所を中心に講座内容が検討され，群馬大学・前橋工科大学を中心に各種の講座が開催されている。

5．メディカル・ツーリズムによる活性化政策

1）メディカル・ツーリズムの推進

　健康医療都市構想の中核的事業となる群馬大学の重粒子照射線施設は 2009

年度に稼働を始めた。これにより，外科的手術をしないで，がん治療をする道が開けた。そのため，がん治療のために全国から前橋へ来訪する人が増加すると考えられる。また，世界的に貴重な施設であり，群馬大学を中心にそれを有効に運営できる人材の集積があることから，前橋を放射線医学のセンターにできる。それにより，全国・世界から研究者や患者を吸引することができよう。

　治療や研究で前橋に来訪した人々を単に滞在させるだけでは，都市への経済効果はさほど生まれない。しかし，来訪者が前橋の都市資源や周辺地域の観光資源を活用して快適に滞在できれば，来訪者にも都市経済にも効果が出る。それを具現化するメディカル・ツーリズムを構築する必要がある。

　前橋の都市環境はメディカル・ツーリズムに適しており，すばらしい都市観光資源がある。中心市街地を流れる広瀬川には河畔緑地が整備され，萩原朔太郎詩碑をはじめとする数多くの詩碑が並ぶ「文学の小径」となっている。都市内には緑が多く，訪れた人々に安らぎを与える。また，前橋に滞在する間，まちなかキャンパスで開講される健康・医学講座や，医療に関する見学，各種健診の実施，教養講座の開講も魅力あるものとなろう。

　群馬県庁舎32階展望室からの眺望はすばらしい（写真7-5）。赤城・榛名・妙義の上毛三山をはじめ，噴煙たなびく浅間山や谷川連峰，そして関東平野の広がりとそこを流れる利根川が一望できる。また，県庁舎・都心に隣接する前橋公園から利根川緑地を経て敷島公園の緑地へと快適空間が続き，そこには全国有数の規模を誇るバラ園，各種スポーツ施設（野球場やJリーグ用サッカー場など），ゴルフ場がある（写真7-6）。それらは無料ないしは格安で誰もが利用できる。そして群馬大学医学部はそれらに隣接して存在する。このように，医療施設とも回遊性を持ちながら，既存施設を活用することで，来訪者に非日常性を感じさせる都市観光の提供が可能となる。治療を目的に来訪した人々のこうした観光行動も，中心市街地に良質の一時滞在者用居住空間を整備することで可能となり，それにより中心商業地の活性化にも寄与できよう。

　さらに，重粒子治療の場合，一部の患者をのぞき，入院せずにがん治療が可能という。そのため，前橋を拠点に周辺の自然観光地を楽しみながら滞在することもできる。たとえば，前橋から時間距離30分の伊香保温泉を楽しむこと

写真7-5 群馬県庁舎32階より谷川連峰方面を望む

も，赤城・榛名などでの山歩きやスキー，スケートを楽しむことも可能となる。これらをパックにしたメディカル・ツーリズムが前橋の都市再生，中心商業地再活性化に大きな役割を果たすと考えられる。なお，群馬大学医学部は伊香保温泉や草津温泉での温泉医療にも実績を持っている。

2）「TONTONのまち，まえばし」の取組み

　都市観光において地域資源を活かした「食」が重要となる。前橋にも地粉を使ったうどんや土産品として使われる菓子類，全国的に製品が流通する漬け物会社などはある。しかし，これまで前橋は多くの地域資源がありながら，それらを他地域にアピールしてこなかった。そこで，健康医療都市構想を実現するため，健康に役立つ名物料理を創るべく，商工会議所がリーダーシップを発揮した。すなわち，前橋の「食の名物」を創作するため，多数の料理人が参加して，生産量で全国有数の豚肉と地元産の野菜やキノコ類を使った豚汁「tonton汁」が考案された。また，とんかつ，ソースカツ丼，ホルモン，豚丼をはじめ，「とんかつうどん」や「tonton巻き（寿司）」，「とんぷら（豚のてんぷら）」や「豚

第 7 章　地域資源を活かした観光まちづくり中心街再生戦略　149

写真 7-6
上左）前橋公園の臨光閣（旧迎賓館）
上右）ケヤキ並木が美しい前橋駅前通り
中左）前橋藩主酒井家歴代の墓
　　　姫路城転封後も前橋に埋葬
中右）東国文化の中心総社古墳群の一つ，
　　　宝塔山古墳内部
下右）敷島公園バラ園

肉のクレープ」など豚肉料理が数多く創作されつつある。また，コンビニエンスストア「セブンイレブン」でも 2009 年より「まえばし tonton 汁」，「まえばし tonton 汁うどん」が販売されている。

　この「TONTON のまち前橋」の推進は，旅館・ホテル，タクシー，バス，旅行会社など観光に関係する民間・行政関係者らで構成される「ようこそまえばしを進める会」（会長：商工会議所会頭）が中心になって行っている。

6．前橋における健康医療都市観光の課題とあり方

　メディカル・ツーリズムを前橋で発展させるには，次の課題や政策の実現が求められる。

　都市観光の活性化にとって最も重要なことは，人と人とのつながりやビジター産業を育成することによって，もう一度行きたくなるシステムを構築することである。どんなに美しい景観でも，一度見れば，もう一度金をかけて行く人は少ない。しかし，その地域に知人が居たり自分を豊かにする産業や施設があれば，再訪の可能性は高まる。健康医療観光都市の構築に当たっても，地域の人とのつながりや，病気を治癒改善できる多彩な医療技術とそれを支える人材が欠かせない。そのためにも，健康医療都市づくりには，全国・世界における関連分野の研究者や医療関係者を結節させ，人材養成できる医療技術に関する研究開発センターの構築が不可欠となる。これが第一の課題であり，実現すべき重要政策である。

　第二には，前橋への接近性を向上させねばならない。知識情報化社会を支える基盤は，人材と人材を育成できる教育研究機関，それに世界各地からの接近性を高め，多彩な交流を促進する都市間高速交通と利便性の高い都市内交通である。その意味で隣接都市・高崎での新幹線と在来線の乗り継ぎの利便性向上と前橋－高崎間の交通利便性の向上が求められる。

　第三に，健康医療都市の玄関口となる前橋駅に，総合健康相談・診療案内所と簡単な診療ができる総合窓口診療所の設置が不可欠となる。健康不安を抱え初めて前橋に来た人でも，安心してすぐに前橋での医療生活を可能とする支援

システムである。病状に応じて適切に医療機関を紹介すると同時に，高度な応急手当が可能な窓口機関である。そのことによって，ともかく前橋に行けば何とかなるとのイメージができれば，それだけで多くの人々が前橋にやって来る。前橋駅に隣接した窓口機関に加え，前橋全体を都市観光という慰安機能を持つ総合病院化することで，メディカル・ツーリズムを成長させることができよう。そのためには宿舎や観光を含めた生活情報を提供する機能も，その窓口機関に持たせる必要がある。

　以上を実質化するためには，第四に都市内の医療機関の充実と相互ネットワークの構築が必要となる。特に情報と医療関連教育の一元化，人・物・金の共同化などが課題となろう。

　第五には，来訪者が1～2週間の滞在を楽しめるまちなかキャンパスや観光メニューの充実，安価に長期滞在できるシステム，教養を高め買い物を楽しめる中心街の形成が求められる。

　第六に，中心街をはじめ前橋市内を自家用車でなく，公共交通や徒歩で動ける交通環境の整備が不可欠となる。そのためには前橋全体を，多数の特色ある歩いて暮らせるコンパクトなまちの集合体に再構築しなければならない。

　第七に，前橋の伝統文化と地域コミュニティを再生して，誰でも受け入れられるホスピタリティ豊かな地域社会の構築が求められる。日本社会は特定の都市を除き，意識面の国際化が遅れている。前橋市民が相互研鑽の結果として世界観を拡大させ教養を高めることで，他地域から一歩抜きん出られるか否かがこの構想の成否を握っているといえる。そのためには，なお一層の生涯学習システムの充実が課題となる。

　第八には，都市計画規制・環境規制を強化し，秩序ある土地利用と美しい景観形成，緑化空間の拡大に努めねばならない。緑を減少させたり，街路樹を丸坊主にする街には人材も来訪者も集まらない。これからは美しい景観が，地域力・観光力を高める大きな要素となる。

　前橋がメディカル・ツーリズムによる都市再生を図るには，多くの課題がある。しかし，多くの地域資源を持つだけに，メディカル・ツーリズムを実現する可能性は高い。衰退した前橋中心市街地の再生戦略は，以上のように日常空

間と地域資源を活用した観光地域政策に活路を見出したといえよう。

〔参考文献〕

森下靖雄監修（2007）『大学の「知」を活用した新たな地域活性化－「健康医療都市・前橋」への挑戦－』日経 BP 企画，215p.

戸所　隆（2003）「時代の変化と地域資源を生かした観光・都市政策」地域政策研究 5-3, pp.1-18.

戸所　隆（2004）「地方都市の衰退要因と再生方策」国際文化研修 42, pp.2-9.

第8章

地域資源を活かす観光まちづくり政策提言
―高崎中心街を例に―

　群馬県高崎市の中心商業地は衰退し，高度経済成長以来拡大してきた新興中心商業地も，今日では地区によって盛衰が著しい。本章ではそうした中心商業地全体の再生・再構築について，都市観光の視点から，高崎の地域資源としての交通拠点性や東京型・京都型まちづくり手法を応用して考察してみたい。

1．地域資源としての交通拠点性

1）国土幹線の結節都市高崎における交通問題

　高崎はこれまでの歴史の中で，全国屈指の交通拠点を形成してきた。すなわち，藩政期は城下町であり，中山道の宿場町でもあり，高崎から三国街道や日光例幣使街道も分岐した。そうした本州中央部で太平洋側と日本海側を結ぶ高崎の地理的重要性はますます高まっている。それは上越・長野（北陸）の2新幹線や関越・上信越・北関東の3高速自動車道をはじめ，JR高崎線・上越線・信越線・両毛線・八高線，上信電鉄線や国道17・18号など多くの国土幹線が結節することで理解できる。このように高崎の交通利便性は全国的にも優れており，全国各地から高崎駅までのアクセス性は良好である（写真8-1）。

　しかし，高崎駅頭に立って，市内の目的地へ行こうとした時，都市規模に比べてバスや鉄道などで移動しにくいことに気付く。それは群馬県の自家用車普及率の高さに関係する。すなわち，2000年における群馬県の交通機関別旅客輸送分担率（国土交通省資料）では，自家用車が全体の92.4％を占め，乗合バスは0.9％，鉄道は3.9％に過ぎない。タクシーはバスより多く1.2％を占めるが，流しのタクシーはなく，料金も大都市部に比べて割高である。このため，

写真8-1　2新幹線・6在来線が結節する高崎駅

　交流の時代にもかかわらず，高崎市外から新幹線などの公共交通機関を利用してきた来訪者にとって，高崎市内や群馬県内の移動は非常に難しくなっている。こうした現況は，個人客や小グループが観光行動の中心になってきた今日，都市観光においても看過できない問題である。

　過去40年間の急速な自家用車の普及によって車王国群馬が構築されたが，さまざまな問題が露呈してきており，中長期的には公共交通の必要性が高まろう。高齢化社会の到来とともに，交流の時代には他地域からの来訪者が移動しやすい都市ほど発展すると考えられる。それに対応するには，高崎市においても過去40年かけて構築された車社会を，今後40年かけて，あるべき交通体系へと再構築しなければならない。

2）必要な群馬県央100万都市圏玄関口の政策視点

　群馬県央都市圏における最大の交通拠点・高崎駅は，高崎市の玄関口のみならず群馬県全体の玄関口である。高崎市はこれを重要な地域資源として，交流人口と各種情報との結節性を高める施設・機能の整備を充実させることが求められている。

　たとえば，高崎の都市観光のみならず群馬県全体の観光情報発信基地として

の役割がある。また，市内バスの一大ターミナルであるとともに，県内外各地と結ぶ高速バスの発着点でなければならない。また，多くのイベントを支える交通拠点である限り，大量の貸切バスの駐停車スペースも，利便性の高いタクシー乗降場と大量のタクシー待合い場も必要となる。圏域内でそうしたスペースを活かせる可能性が最も高い駅が高崎である。そのポテンシャルを活かすべく，群馬県随一の複合交通拠点として高崎駅周辺を整備することが，高崎を中心とする人・物・情報・金の流れを活発化するための基礎的条件となる。

しかし，現状の高崎駅およびその周辺整備は必ずしもそのようになっていない。その第一は，前述の自家用車社会を反映しての，乗合バス交通を中心とした公共交通機関の衰退である。また，第二に，群馬県第一の交通拠点としては高崎駅周辺における情報発信機能が弱い。さらに第三としては，高崎駅を起終点とする列車が多いため，列車の到着時には大量の乗降・乗換えが発生する。しかし，近年の駅なか改造によって高崎駅構内のコンコースや改札付近が狭小になり，混雑が甚だしく，乗り換えに以前より時間が掛かるようになるなど，空間的に余裕がなくなってきている。そして第四に，乗合バスを含め，さまざまな機能を結節する駅前広場の狭小さが問題となる。

駅前広場の規模は，基本的にその駅が持つ後背地の大きさやそこを利用する乗降客数，中心性によって決まる。換言すれば，駅前広場が小さければ，その駅の発展性は制限されることになる。たとえば，市内大量輸送機関の地下鉄など軌道系の公共交通機関が整備されていない場合，一度に大量人員を輸送するには，数十台のバスを駐停車できるスペースが欠かせない。それがなければ，駅頭がネックとなり，当該都市での大規模イベントは開催できない。その結果，交流拠点都市としての発展性にも限界が発生する。

著者は以上の判断に関係した経験を持つ。すなわち，1万人の学生が学ぶ新しいキャンパスへの移転に際し，新キャンパスに最も近い駅との間をバスで輸送すべく，地元自治体から要望を受けて検討したが，結局断念して，隣接駅を利用することになった。その理由は，従来のバスの駐停車台数にプラスして，朝1時限目に間に合うよう約4,000人の学生を短時間のうちに乗車させるだけのバス発着スペースが確保できないことであった。その後10年以上経過する

写真 8-2 高崎駅西口広場（中心商業地側）

中で，駅前広場の大きさが地域の発展に大きな影響をもたらすことを再認識している。

こうした視点から高崎駅の駅前広場を見た時，同規模都市の駅に比べ高崎駅の駅前広場は狭い。高崎駅は単に 37 万高崎市民だけの駅ではない。群馬県央都市圏の中央駅であり，群馬県の拠点駅である。仙台市の面積を群馬県央部に当てはめれば，高崎市・前橋市・伊勢崎市・藤岡市・安中市・渋川市およびその周辺を合わせた大きさとなる。群馬県央部は市街地も一体化しており，人口は仙台よりやや多くなる。また鉄道の拠点性は，新幹線 1 線・在来線 3 線の結節する仙台駅に比べ，新幹線 2 線・在来線 6 線の結節する高崎駅の方が高い。したがって，高崎駅は仙台駅と同格もしくはそれ以上のポテンシャルを持つ。しかし，高崎駅の駅前広場は東西ともに，仙台の半分にも満たない。仙台の場合，地下鉄が駅前から発着していることを考えると，その差はもっと大きくなる（写真 8-2）。

駅前広場のあり方に関しては，さまざまな方面から検討する必要がある。しかし，群馬県が知識情報化社会において発展を続けるには，高崎駅の果たす役割は大きい。高崎駅は決して高崎市だけのものではない。高崎駅周辺の発展が，群馬県全体の発展をもたらす機能と責務を持っている。こうした観点から

考えると，将来にわたって，どのように持続的発展を図るか，狭小な駅前広場をどのようにして補完し，あるべき姿を構築するかが，高崎の都市観光の視点からも中長期の課題として重要である。

2．個性豊かな地区から成る中心商業地

1）古くから都市観光的要素を持つ城下町高崎の中心商業地

　高崎の歴史的核は，江戸時代の城郭と武家屋敷・町屋地区からなる今日の中心市街地である。城郭は烏川（からすがわ）と堀に囲まれた地区で，市役所・音楽センター・国立病院など官公庁や公的機関が集中立地する。また，町屋地区は江戸時代の俗謡で「お江戸見たけりゃ高崎田町」と歌われたように中山道随一の商業地として発達し，古くから都市観光的要素を持つ地区であった（写真8-3）。

　城下町時代の商業核は，現在の中心商業地北部に位置する衰退の著しい地域である。高崎市の最高地価点は1963年までこの中心商業地北部の中央銀座通りにあり，当時の高崎駅前は二次的な商業中心地でしかなかった。しかし，高崎で初めての本格的百貨店・藤伍（ふじご）が1964年に連雀町（れんじゃくちょう）に開店すると，最高地価点は連雀町に南下し，スズラン百貨店の進出によって，連雀町を中心に中心商業地が再構築された。

　その後，日本全体の経済成長と都市化の進展による都市間交流の活発化により，鉄道駅の重要性が増してきた。そのため，1970年代後半から高崎駅前に高島屋，ダイエー，ニチイなどの大型店舗が相次いで新規立地するに及び，最高地価点は駅前に移動した。そして，高崎駅西口地区の再開発や駅舎の複合ビル化も進み，高崎駅西口から高島屋・スズラン百貨店を結ぶ慈光通り・大手前通りが商業都心軸となった。その結果，今日の中心商業地は，「資本の論理」に基づいた利便性の高い高崎駅周辺や新しい商業都心軸で構成される東京型開発地区と，中心商業地北部地区に位置する歴史的資源を持ち，古き高崎の面影を残す個性豊かな京都型開発地区からなる。

　また，全体として高崎の中心市街地は，過去40年ほどの間に，従来に増して多様な地区から構成されるようになった。それは概ね次のようなゾーンに

写真 8-3　旧高崎城址に建つ高崎市役所と市役所からの展望
群馬音楽センター（手前），もてなし広場，スズラン百貨店（右上）。

区分できよう。すなわち東京型開発地区は，高崎駅周辺の交通交流ゾーン，オフィス・ゾーン，買回品買物交流ゾーン，文化ゾーンである。また，京都型開発地区は飲食・娯楽ゾーンと最寄品買物交流ゾーンからなり，全体として「ふれあいゾーン」のイメージとなる（図 8-1）。

2）中心商業地における個性豊かな多様な地区
① 交通交流ゾーン　高崎駅・駅前広場およびその周辺は，さまざまな交通

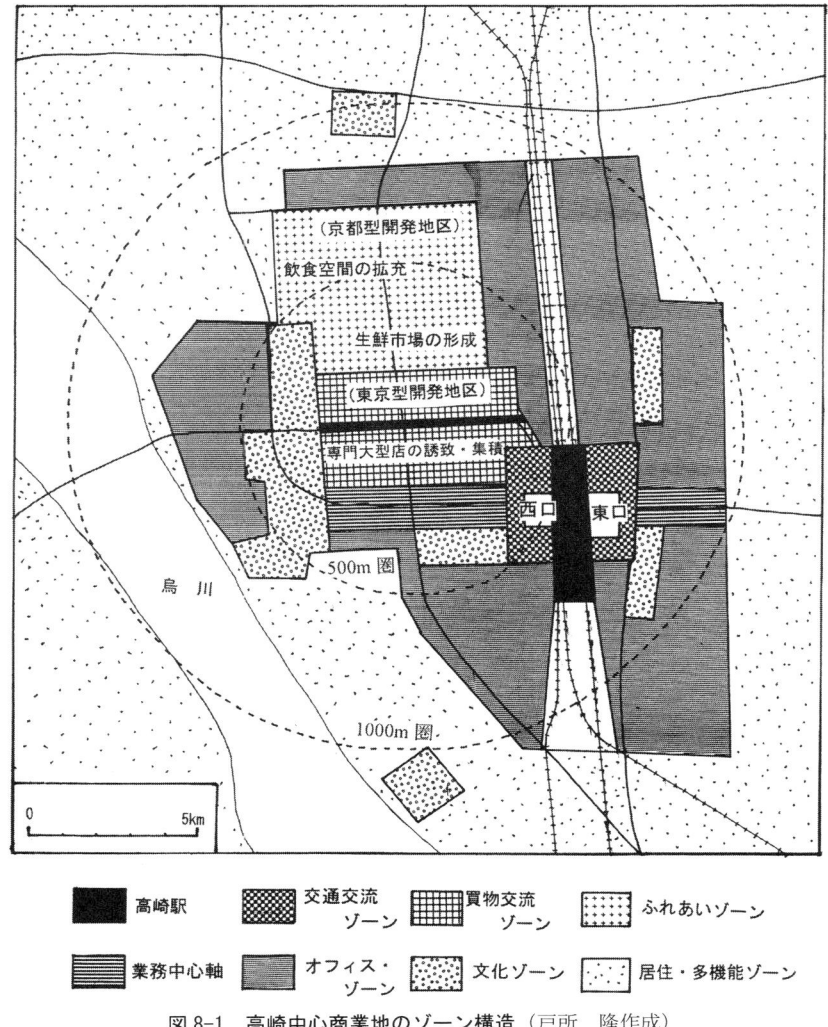

第8章 地域資源を活かす観光まちづくり政策提言　159

図 8-1　高崎中心商業地のゾーン構造（戸所　隆作成）

機関の結節する交通交流ゾーンである。また，交流に欠かせない観光案内所や旅行社・金融機関などの対個人サービス業務，近代的な宿泊・会議施設や百貨店・レストラン・宴会場などの買い物・飲食施設が集積する。結果としてこの

写真 8-4　高崎駅から市役所に続くオフィス・ゾーン

ゾーンは，来訪者にとって必要最小限のことが賄える非常に利便性の高い空間となっている。そのため，来訪者の多くがこの空間だけに留まり，高崎の他地域を経験することなく高崎を去る場合も多い。

しかし，高崎駅周辺の役割を考えれば，このゾーンはゾーン内だけの交流に終わらせてはならない。このゾーンに集まった人々のニーズを一時的に受け止め，高崎中心市街地をはじめ市内・群馬県内の各地へと人々の足を向けさせる結節空間にする必要がある。その意味で，このゾーンは高崎の都市観光のゲートウェイ（玄関）であると同時に，群馬県全体の観光ゲートウェイでもある。

② **オフィス・ゾーン**　高崎駅西口のペデストリアン・デッキに出ると，正面に市役所の高層棟が見える。また，駅と市役所間の駅前通りは，高層ビルが林立するオフィス街が形成されつつある。さらに，街路整備が進み，人口 37 万を擁する交流拠点都市・高崎のシンボル空間が造られつつある（写真8-4）。

駅前通りの先にある旧城郭地区には，市役所など官庁系オフィス空間が形成されている。この地区は高崎市の行政中心であると共に，群馬県や北関東全域を統括する機関も立地するゾーンであり，業務行動とはいえ，かなり広域の人々が交流する空間でもある。こうした人々をいかに都市観光に誘うかも課題

第 8 章　地域資源を活かす観光まちづくり政策提言　161

写真 8-5　高崎中心商店街・大手前通り（上）と高崎駅前のビブレ，高島屋百貨店（下）

の一つとなる。

③　**買回品買物交流ゾーン**　人口 37 万の高崎市であるが，小売吸引人口は 50 万を超える。高崎駅前から慈光通りにかけては四つの大型店舗があり，多くの市外者が歩いている。スズランと高島屋の両百貨店は中高年，ビブレとモントレーは若年者をターゲットに多くの交流人口を吸引し，今日の高崎中心商業地が展開する。ここは老若男女・人種・貧富を問わず誰もがそれぞれの感性を思い切って表現しうる，規制の少ない市民の交流広場であり，現代から未来へとつながる高崎の顔でもある。この通り一帯の商業吸引力は群馬県内はもとより隣接県にも及び，都市観光の一つの核として機能している（写真 8-5）。

写真 8-6　a：群馬音楽センター（上）と市役所に接続するシティギャラリー（下）
音楽センターは高崎市民から寄せられた寄付金で建設された。

④　**文化ゾーン**　高崎中心市街地の特長は，高崎駅から徒歩圏内の中心商業地隣接地に，群馬音楽センターやシティギャラリー・市立美術館などの良質な文化施設が集積していることである（写真 8-6）。また，スズラン百貨店横の旧市役所跡は広大な多目的広場（もてなし広場）となっており，各種イベントが数多く開催されている。これらは高崎内外の人々に非日常性を感じさせる機能を果たしており，都市観光的にも重要な要素を構成する。なお，都心核の連雀町交差点から 1 km 圏には，文化センターやスポーツ施設の拠点もある。こうした文化施設は中心市街地の付加価値を高めるとともに，来訪者にも都心居住者にも高崎の魅力を増進するものとなる。

特に高崎は音楽の街としてのハードとソフトを持つ。すなわち，群馬交響楽

団の活動拠点として，アントニン・レーモンド設計の音楽ホールである群馬音楽センターがある。またその横には，オーケストラの練習を中心とした多目的ホールの群馬シンフォニーホールが立地する。さらに，北関東のロック音楽の牽引役となっているライブハウス高崎 club FREEZ，北関東に拠点を置く新しいミュージシャンの育成拠点のライブハウス DUST BOWL REFUGE などもあり，多くのアマチュア集団が活動する中からプロも生み出してきている。

⑤ 飲食・娯楽ゾーン（ふれあいゾーン）　北部商業地域に位置する柳川町（やながわ）などは，衰退したとはいえ長い伝統を持つ北関東最大の花街で，高崎の夜を代表する地域でもある。ここには高崎の歴史と個性が息づいており，そうした歴史性と地域資源を活かしたまちづくりを目指す必要がある。ここへ来ると買回品買物交流ゾーンで疲れた人々もホッとする，ふれあい空間といえる。ここが居住者も来訪者も自然に高崎を体感する空間となれば，買回品買物交流ゾーンとは違った発展可能性を持つことになる。そのことで，歴史的建物や景観の保存，伝統的なまちなみ再生も可能となり，この地域の商業的再生にも役立つであろう。

⑥ 最寄品買物交流ゾーン（ふれあいゾーン）　都市空間の立体化によって，面的でコンパクトな商業地形成が進む中で，中央銀座を中心とした北部商業地域を 1960 年代のように再活性化することは難しい。しかし，この地域はかつて高崎の第一級商業地であり，柳川町などの飲食・娯楽ゾーンも隣接する。

　しかし，中央銀座通りは暗いイメージが定着し，この地区を中心商店街として再生させることはほとんど不可能であろう。他方で，「さやもーる」や「花と音楽の道」と協調する形で，金沢の近江町（おおみちょう）市場や京都の錦（にしき）市場のように，市民の台所・対面販売形式の生鮮市場設置に対する市民の要望は多い。この種の業種業態では既存の建物やアーケードが活用できる。また，高崎の伝統的良さを生かしつつ，必ずしも大きな投資をせずに多くの人々が集められる。そして威勢の良い店員のかけ声が飛び交う喧噪で，明るい街となろう。

3．新旧中心商業地特性を活かした観光まちづくり戦略

1）高崎駅前と市役所21階展望室を観光案内拠点に

　高崎の中心商業地は，モザイク状に構造化された，個性豊かな多様な地区（ゾーン）から成る。それはまさに，高崎の地域資源であり，他所からの来訪者にとっては高崎の都市観光を楽しむことに他ならない。一度にすべての地区を回ることは難しいにしても，訪問者の趣向に応じて適宜見て回れるシステムが構築できれば，高崎の都市観光的価値は高まるだろう。たとえば，高崎市にビジネス目的で訪れる人の多くは，高崎駅周辺のホテルに宿泊し，駅周辺の全国チェーンの居酒屋で食事を済ませる。その人たちの多くは，高崎に北関東随一の歓楽街・柳川町があることを知らない。そのため，高崎に築かれた夜の観光資源が十分に活かされないまま，近年，柳川町も衰退化が著しくなってきている。

　個性豊かな多様な地区から構成され，都市観光に適した中心市街地を外部の人にアピールする必要がある。それには中心商業地内の回遊性を高め，歩いて楽しめる中心商業地の構造にしなければならない。また，駅前地区に滞留する人々を柳川町へと誘導するには，まず，柳川町という高崎情緒を醸し出す街の存在を認知させねばならない。また，駅前とほぼ同じ料金で高崎らしい楽しみ方ができるなど，柳川町に訪れやすい雰囲気を創る必要がある。さらに，柳川町の観光資源情報をアピールするメディアを強化し，駅前から歩きたくなるルートの開発が求められる。

　そのためには，来訪者が楽しみながら回遊ルートを選定できる立ち止まりスポットを作らねばならない。その一つとして高崎駅前に高崎の顔・群馬県の顔としての拠点的観光案内所が必要となる。また，そこでの長時間滞留・混雑を避けるためにも，新規来訪者には駅西口から正面に見える高崎市役所21階展望ホールへの誘導を優先的に行う。新規来訪者にとって市役所21階から高崎市の全容を展望・把握することは，その後の行動に大きく役立つ。無料の高崎随一の360°展望スポットは，高崎都市観光においても重要な位置を占める。

第 8 章　地域資源を活かす観光まちづくり政策提言　165

写真 8-7　高崎市役所 21 階からの前橋・赤城山方面の展望

それを有効活用するには，展望ホールにも観光案内所を設ける必要がある。すなわち，市役所展望ホールを高崎の都市観光の出発地とするシステムづくりが求められる（写真 8-7）。

　高崎の中心商業地は前述のように特色のある六つのゾーンに区分できる。展望ホールの観光案内所でこれら六つのゾーンの特性と楽しさを広報することで，来訪者の各ゾーンへの回遊が自然に始まる。その結果，さまざまな中心商業地の回遊性が創出され，高崎の良さを認識しつつ高崎の都市観光を楽しむことができるようになろう。

2）新旧商業地の特性を活かした都市観光

　1970 年代前半までの高崎中心商業地は広く，機能的地域分化が必ずしも明確でないまま，人・もの・金・情報が交流・結節して活力を呈していた。その後，市街地の拡大・発展によって，都市全体の機能地域分化が進み，中心商業地の構造転換も始まった。しかし，こうした構造転換に対応できない地区において衰退化が著しい。そこで，これまでの中心商業地における構造変化の方向性を活かし，各地区の開発コンセプトを明確にする必要性が出てきている。

写真8-8　北部商業地区に数多く残る蔵など伝統的景観

　以上の考えを具現化するために，中心商業地を大きく東京型と京都型の開発地区に分け，中心商業地を再構築することを提案した。交通拠点性の向上によって潜在的活力の大きい高崎駅周辺やそれに続く地区は，構造転換の進む地区である。ここでは資本の論理に基づいた利便性の高い東京型まちづくりを推進する。他方で，構造転換の進まない地区は，結果として残存する地域の歴史的資源を活かした京都型まちづくりに徹し，高崎の個性とアイデンティティを感じるまちづくりを目指す（第5章参照）。

　高崎駅ビル商業集積・ビブレ・高島屋・スズラン百貨店などが並ぶ今日的中心商業地は，世界標準を目指した東京の都市開発手法に通じるものをもつ。こうした都市空間の立体化によって面的でコンパクトな中心商業地形成が進む。他方で，旧中心商業地はかつての高崎第一級商業地とはいえ，時代の変化に対応できずに衰退してきた。高崎の都市規模が2倍にならない限り，駅前地区同様な形での再活性化は難しい。しかし，旧中心商業地に位置する柳川町などは長い伝統を持つ北関東最大の花街として今日でも高崎の夜を代表する。その意味では高崎の歴史と個性が息づく街であり，そうした歴史性と地域の資源を活かしたまちづくりは可能である（写真8-8）。

　京都型まちづくりは東京型に比べ経済的なインパクトには劣るであろう。し

かし，京都型のまちは，喧噪にまみれた東京型空間に疲れた人々をホッとさせる，ふれあい空間となる。その過程でこの交流空間が居住者も来訪者も自然に高崎を体感する空間になれば，高崎駅周辺とは違った発展可能性を持つことになろう。歴史的建物や景観の保存，伝統的なまちなみの再生は，結果として近代的利便性の欠如や規制の強い空間となるが，この地域の商業的再生は都市全体との調和の上で最も良いと考える。二つの異なる空間を組み合わせ，衰退地区を活性化させつつ訪問客にとって非日常の観光空間に育てることが可能となる。

以上の視点で高崎の都市観光振興を考えたとき，二つの問題点がある。高崎駅周辺に集う訪問客に対するそれらの街や地域資源の広報と，そこへの利便性の高い交通の不備である。多くの来訪者が高崎駅周辺に集い宿泊するものの，その奥に京都型まちづくりの中心街があることを認知できないでいる。また，自家用車普及率全国一であることの裏返しとして，バスなど都市内公共交通機関がきわめて不便である。都市観光の振興には，町並み整備のみならず，広報宣伝政策や公共交通政策など，総合的な視点での取り組みが不可欠である。

4．高崎中心街都市観光戦略への提言

高崎の都市観光について2005〜2007年に高崎市に設置された産業活性化研究会で多彩な有識者と共に考える機会があった[1]。その結果，高崎には多くの都市観光資源があることが判明した。知識情報社会における人々の観光行動は，いわゆる物見遊山型観光ではなくなってきた。当該地域にとっての日常性が来訪者にとっては非日常性に感じられる地域・もの・ことなどが観光資源になる。高崎の都市観光振興も，それを現状の中心商業地から発掘し，いかに多くの人々に認知してもらえるかにかかっている。

高崎の都市観光客は，高崎都市圏内に居住する人々と都市圏外からの来訪者に大きく分けられる。これまでは主として都市圏外からの来訪者を対象に観光政策を考えてきた。しかし，中心商業地での交流を主体とする都市観光は，高崎都市圏内外のすべての人々を対象とする必要がある。

168　第Ⅲ部　観光まちづくりとしての再生戦略

写真 8-9　高崎駅の案内表示
観光案内所の表示がない。

　高崎の都市観光を活性化するには，交通拠点の高崎駅およびその周辺の役割が大きい。また，高崎市の全体像を知るには，高崎市役所 21 階展望ロビーを活用すべきである。さらに，人々が自由に交流できる中心商業地の再活性化が不可欠となる。そして，この 3 カ所の誰もがわかりやすい場所に，高崎の都市観光や群馬県内全体の観光に関する情報発信基地としての案内所と高崎および群馬を体感できる物産販売所の設置が求められる。これらの施設がうまく機能すれば，中心市街地における都市観光から高崎郊外への観光へ，そして群馬県内各地への観光へと来訪者を誘うことになろう。それによって高崎は日本を代表する交流拠点都市へと発展することになろう。

　その実現には，高崎中心商業地における既存資源を磨き，充実させる必要がある。買物空間としての充実はもちろん，五感に快く感じるさまざまな仕掛けが求められる。音楽の街・高崎，映画の街・高崎，食の街・高崎，光の街・高崎など，高崎の特性を情報発信しつつ育てることが求められる。

　また，以上の高崎の特性を遺憾なく発揮し，経験させるためには，来訪者が迷わず目的の都市観光ができる街並み整備とサイン計画が不可欠となる。統一的でわかりやすいサイン計画は，街並み形成の道標としても重要である（写真 8-9）。

第 8 章 地域資源を活かす観光まちづくり政策提言 169

表 8-1 学生が見た高崎中心商業地のイメージ（三つまで選択可）

	回答項目	2003 年 人	2003 年 %	2006 年 人	2006 年 %
1	明るい	12	10.4	11	8.3
2	暗い	34	29.6	28	21.1
3	新しい	3	2.6	9	6.8
4	古い	16	13.9	20	15
5	楽しい	5	4.3	6	4.5
6	つまらない	23	20.0	21	15.8
7	開放感がある	3	2.6	5	3.8
8	閉塞感がある	14	12.2	28	21.1
9	落ち着いている	20	17.4	15	11.3
10	賑やかである	9	7.8	16	12.0
11	雑然としている	22	19.1	34	25.6
12	整然としている	13	11.3	10	7.5
13	印象が薄い	39	33.9	55	41.4
14	わくわくする	2	1.7	2	1.5
15	さびれている	36	31.3	44	33.1
16	欲しいものがある	9	7.8	10	7.5
17	欲しいものがない	32	27.8	29	21.8
18	その他	9	7.8	10	7.5
	回答総数	301	261.7	353	265.4
	回答者数	115	100.0	133	100.0

資料）戸所　隆：高崎経済大学地域政策学部学生へのアンケート（2003 年, 2006 年）

　最後に，都市観光の拠点・高崎中心商業地について，高崎で暮らす学生たちがどう見ているか見てみよう（表 8-1）。「暗い，古い，つまらない，閉塞感がある，雑然としている，寂れている，印象が薄い，欲しいものがない」が多く，全体的にマイナスイメージが強い。しかし，2003 年と 2006 年を比べるとプラスの方向に向かっていることが知られる。回答者の学生の 75% は群馬県外出身者である。また，県内出身者であっても高崎出身は少ない。それだけにこの数字は高崎市外の目といえよう。

　高崎には多くの都市観光資源があり，個別に紹介する紙幅はないが，優れたものが多い。それだけにこのマイナスイメージをいかに改善するかが，これか

らの都市観光振興には重要となる。また，それを受け止め改善する高崎の町衆をいかに育てるかが課題であり，町衆の存在が高崎の都市観光の成否を決めよう。町衆，それはその地域の過去・現在・未来を語れ，その地域を良くしていきために自己実現を図ることのできる人である。町衆を中心に，官民が協調して高崎の都市観光の振興に取り組むことが何にも増して重要と考える。

〔注〕
1) 高崎市産業活性化研究会（2007）『集客力のある楽しいまちを創るために－高崎市中心市街地における都市観光－』高崎市商工部.

お わ り に

　"市民参加型地域政策と地域資源を活かしたブランドのまちづくり"を目指し，実践経験から"創造型地域政策としての観光まちづくり"を論じてきた。第Ⅰ部の「日常空間としての観光まちづくり」では，住み続けたい地域づくりこそ観光政策であり，そのためには時代の変化に対応した都市政策の方向性を明確に示し，官民協働でその実現に努める必要性を論じた。特に，高速交通環境の整備に対応した都市政策・観光政策の重要性を指摘した。

　第Ⅱ部の「文化を創造する観光まちづくり」では，都市政策の基本として土地利用・景観制度を導入することが，美しい文化景観・自然景観を維持発展させ，創造していくために欠かせないことを強調した。また，伝統的町並みと近代的町並みを共存共栄させる都市開発手法として，東京型まちづくり，京都型まちづくりを示し，今後は両開発手法を止揚し知識情報化社会に適した第三のまちづくり開発手法を開発する必要性を提示した。また，これからの観光まちづくりにおいて芸術・文化を活かすことの重要性を論じた。

　第Ⅲ部の「観光まちづくりとしての再生戦略」では，第Ⅰ部・第Ⅱ部の理念に基づき，前橋と高崎における地域資源を活かした観光まちづくりの実態と提言を試みた。前橋では市と商工会議所が進めるメディカル・ツーリズムを例に，中心街の再生戦略を考察した。また，高崎中心街では交通拠点性とゾーン化した街並みを活用した観光まちづくりについて政策提言を試みた。

　いずれにせよ，時代が大きく転換した中では，従来型のまちづくり戦術では効果は期待できない。官民が協力して地域のあるべき姿・将来像を的確に把握し，それを実現するためにいま何をしなければならないかを明示し，それに向かって官民が努力を重ねる形にしなければならない。その際，官を頼っていては，これからの時代はほとんど前に進まないであろう。地域の実情を熟知した町衆が中心になって実践していく必要がある。

その一例として，最後に群馬県みなかみ町における東京芸術大学との連携による「みなかみコレクション」を紹介し，本書を閉じたい。

2006年に始められた「みなかみコレクション」は，東京芸術大学の卒業生・修了生が卒業作品の一部を毎年みなかみ町に寄贈し，みなかみ町が保管・展示するものである。このコレクションの始動には，群馬の四大温泉地（草津・伊香保（いかほ）・水上（みなかみ）・四万（しま））の一つである水上温泉郷を，伝統型温泉地から知識情報化社会にふさわしい芸術・文化の香り豊かな温泉地にしたいと模索していた町衆の存在がある。

町衆の中心人物は高級温泉ホテルを経営する松本英也氏であり，松本氏が理事長を務めるNPO法人「奥利根芸術文化アカデミー」のメンバーとその活動にある。このNPOは水上温泉郷で音楽コンサートを開催するなどさまざまな文化芸術活動を支援してきた。その過程で，東京芸大関係者から，東京芸大の教員・学生の作品を地価の高い東京で保管することの難しさを知らされた。そこで，松本氏とみなかみ町の幹部が協議し，平成の大合併で生じた庁舎の空き部屋に作品を保管することを東京芸大に提案し，東京芸大とみなかみ町との間で協定が結ばれた。協定の骨子は，東京芸大が保管料として毎年卒業作品の一部をみなかみ町に寄贈し，保管方法に関しては東京芸大が協力・責任を負うというものである。

東京芸大の卒業・修了者からみなかみ町への寄贈申込者は多く，寄贈作品はすでに100点を超えた。また，寄贈者とみなかみ町の人々との交流も活発化している。寄贈者は年一度くらいの頻度で自分の思い出深い卒業作品のあるみなかみ町を訪れ，温泉に浸かりながら親交を深めることになる。それは芸術家の第二，第三の故郷づくりにつながる。また，それら卒業生が将来世に出たときには，みなかみ町にとって，それらの作品は計り知れない価値をも生み出す。

私は松本氏からこうした取り組みをすべきか否かの相談を受けた際，上記理由により「すべき」と答え，以下のアドバイスをした。

① 作品が蓄積されてきた時，それをどう保管し，展示するか，その方針や政策立案できる学芸員を配置する必要がある。

② 東京芸大の作品は，みなかみ町の宝となろう。これをどこでどのように

展示するか。また，作品をつなぎ役として，芸大関係者とのお付き合いを日常的・継続的にいかに無理なくできる体制を構築するか，その検討が不可欠である。一つの考えとして，上越新幹線上毛高原駅にサテライト美術館を開設するとともに，バス交通で利便性を高めて上毛高原駅と水上温泉郷の中心およびJR上越線水上駅との連携を向上させる。また，作品を寄贈した東京芸大生に対する水上温泉宿泊特別料金制度を設け，第二の故郷・芸術活動の場として親近感の持てる環境を創る。

③ 展示場所は，みなかみ町でもっとも都市的芸術センスのある旧水上町の湯原(ゆばら)周辺が適当であろう。たくみの里などは農村文化で異なるイメージを創っていくべきで，この場合は適当でない。

④ 作品を単に展示公開するだけでは，芸術を活かしたまちづくりにはならない。展示の中から作品を創造するノウハウや，研究者・芸術家と市民との交流が起こる雰囲気が創られなければならない。その結果として，芸大関係者に協力を求めて「水上芸術アカデミー」を創設し，芸術家を育成し芸術家が自然に交流できる環境を整備すべきである。

⑤ 現在は絵画や彫金などの作品が中心になっているが，みなかみの自然の中で作品展示することで，他の芸術に波及効果をもたらすように考慮する必要がある。たとえば，作品を見た後，さりげなくロビーに流れる音楽の創造。そこから美学に関係した音楽の創造の場として発展していく芸術環境をいかに育成するかが課題となる。

⑥ 水上温泉郷には，岸田劉生(りゅうせい)の「麗子像」画4点をもつ天一(てんいち)美術館など，民間の芸術文化施設がある。それら芸術関係施設とのネットワークを考慮する必要がある。

⑦ 芸術作品の長期保存・展示は行政が担当する。アカデミーはNPOが担当し，収益事業として発展させる必要がある。官民協働で地域全体の芸術文化活動をどう嵩上げしていくかの検討が必要である。

こうした活動・事業は順調に進み，少しずつであるが伝統的温泉街が新たな展開を始めている。それは松本社長をはじめとする町衆の存在と鈴木前町長のリーダーシップによる行政の支援という，官民協働によって成し遂げられたも

のである。これは決して特定な地域でしかできないものではなく，どこでもそのチャンスはある。要は，そのチャンスをつかみ実現できる官民の力があるか否かである。

　"創造型地域政策としての観光まちづくり""日常空間を活かした観光まちづくり"にはさまざまなタイプがある。それゆえ「創造型」であるのであって，各地域が知識情報化社会の構築に資する地域政策を官民協働で見いだし，努力を重ねることがなにより大事である。各地域における独自のこうした取り組みの総体が，知識情報化時代においても日本を世界に冠たる豊かな国にする行動と考える。

索　引

【ア　行】

アーバンツーリズム　138
アウトレットモール　43
アカデミー　117,124,125,127
浅間高原　75,78,81
アッシュビル市　5
アメニティ　7
家元制度　100
伊香保温泉　24,112,147
域外資本　73
移動性　141
異文化社会　21
イメージ　101,106-108,113,117,132
イメージ転換戦略　113
医療環境　144
インターステイト・ハイウェー　56
内子町　33
駅前広場　155-157
越後湯沢駅　60
恵庭市　33
エンターテインメント　6,123,141
オープンガーデン　40
尾瀬　112
御土居　97
小布施町　29,33,37
温泉医療　148

【カ　行】

会議都市化　123,124
会議の誘致　6
階層型中心地構造　51

階層ネットワーク型国土構造　50,116
開発哲学　7
開放型水平ネットワーク　20,23
回遊性　164,165
界隈性　24
河岸段丘　110
画一化　13
画一性　93
画一的な地域づくり　116
仮説　26
過疎問題　15
葛飾北斎　37,38
軽井沢町　75,78,81
川越市　29,33,35
環境ガイドライン　88
環境規制　31,73,115,151
環境破壊　78,85
観光案内図　58
観光客　5
観光吸引力　42
観光空間　99,111
観光振興計画　42
観光政策　19
観光地　5
観光まちづくり　5
観光立国　3,134
官の役割　12
官民協働　137
官民協働型　7
祇園　72
企業城下町　72

規制緩和　31
既存不適格　94
機能地域分化　165
キャベツ畑　87
丘状都市　111
共生　79
京都　15,73,92,96
京都型開発地区　157
京都型都市開発　110
京都型都市開発手法　15
京都型まちづくり　92,101,105,166
京都人　97
京都論　96
京風都市空間　105
京町家　99
空港　66
空洞化　54,73,100,102-104
草津温泉　75,81,148
草津市　108
区分所有法　86
倉敷市　119
倉敷美観地区　107
暮らしぶり　7,29,73
車王国群馬　154
黒川温泉　34
群馬音楽センター　162
景観ガイドライン　88
景観規制　75
景観形成　31
景観保全　84
景観論争　92
経済的中枢管理機能　100
経済の論理　72,73
芸術文化　125
ゲートウェイ　160
結節性　22,23,91,141,154

見学型観光　140
健康医療都市観光　150
健康医療都市構想　144,145,148
建造環境　84
広域観光ネットワーク　63
工業化社会　2,8
公共交通　23,48-50,69,120-122,131,146,151,154,167
高原キャベツ　78,79
高原都市　63
高速交通・情報化時代　49
高速交通政策　54
高速交通派　66
高速交通網の整備　52
交通拠点　153,154
交通拠点性　166
交通拠点都市　160
交通結節性　52,61
高度情報化社会　55
後背地　155
小海線　62
交流人口　11,61,76,87,90,96,137,142,161
コーディネート力　121
五感的魅力　24
国際標準　56
国際標準化　56
個人投資　32,88
個性追求型の積み重ね都市　133
コンパクトなまち　23,24,138,151

【サ　行】
サービス収支　1
サービスの時代　14
在来交通派　66
サイン計画　56,142,168
佐久平駅　62

参加型観光　140
産業革命　2,11,48
産業廃棄物　86
時間づくり　14
私権の制限　78
自己実現　132
持続的発展　15,20,157
自動車交通時代　48
資本の論理　4,50,71,75,139,157
社会基盤整備　33
重層化　97,133
重層性　104
重粒子線照射施設　145,146
宿場町　47,108
上越新幹線　51,59
生涯学習システム　132
商業吸引力　161
小京都　104
常住人口　75
消費者の論理　17
消費人口　103
情報革命　11
上毛高原駅　55,59,60,65,66,69
上毛三山　147
将来像　26,27
食育　145
ショッピングセンター　63,103,105
自律発展型自立地域　10
自律発展型自立都市　23
新幹線　54
新幹線通勤　51,54
心象風景　97
新陳代謝　22,72,95,99,141
水平ネットワーク型国土構造　50,116
水平ネットワーク型地域構造　55
スキー場　69

ストック　132
ストック型のまち　95
ストロー現象　52,53,60
生活空間　7,29
生活様式　84
生産者の論理　17
成長核　29
制度疲労　50
世界都市化　2
接近性　22,23,78,141
創造性　22,23
戦略的地域づくり　17
総合保養地域整備法　3
創造型地域政策　14,95,137,171
創造性　22,23
阻害要因　27,48,93

【タ　行】

大規模資本主義農業　78
対個人サービス　159
『第三の波』　11
第三のまちづくり　137
大都市化分都市化型都市構造　8,105,106
大都市化分都市化型地域構造　84
体力の機械化　11
多核ネットワーク型都市構造　69
宝塚音楽学校　113,117
多機能型中心市街地　138
建物の街化　7,43,99
谷川岳　69,112
地域アイデンティティ　30,32,35,49,84,114
地域間結合　20
地域スケール　49
地域政策学　18,19
地域政策の形成過程　29
地域多様性　130
地域伝統芸能活用センター　129

地域の論理　4,50,71-73,139
地域ブランド　10,11,30,30,94,110,117,119,140
地域ブランドの成立要件　142
地域文化　131,140
地域論　91,93
近松門左衛門　113
地産地消　145
知識主導型社会　20,21
知識情報化社会　2,43,58,139,156
地方分権化　10
中央集権体制　1
中核企業　101
駐車場　48
中心市街地　120,147
中心市街地再生　138
中心商業地　43,48,116,121,122,146,147,157,158,162,164-166,169
中心地理論　80
地理学　17
地理的慣性　71,72
知力の機械化　12
嬬恋村　33,75,76
鉄道駅　48
鉄道交通時代　48
天井川　108,110
伝統的都市景観　92
伝統的なまちなみ　35,36,163,167
伝統的なまちなみ形成　21
展望スポット　164
東海道新幹線　52
東京一極集中　2,12,14,33
東京型開発地区　158
東京型都市開発　110,111
東京型都市開発手法　15
東京型まちづくり　91,166

同業者町　99
東京人　97
東京ディズニーランド　49
東京モデル　91
道後温泉　24
東北新幹線　51
都市観光　23,73,141,147,153,154,157,160,161,164,167,168
都市空間の立体化　43,91,99
都市計画規制　31,73,74,115,151
都市計画税　87
都市計画法　84
都市景観　91,94
都市構造　91,97,99,108
都市再生　45,148,151
都市再生方策　140
都市軸　48
都市の本質　22
都心軸　48
土地区画整理事業　63
土地利用・景観政策　73,74
土地利用規制　31,75
土地利用政策　49
土地利用制度　14,78,84,87,141
土地利用転換　103
トフラー（A. Toffler）　11
徒歩交通時代　47,80,110
富の源泉　2,12

【ナ　行】

長野行新幹線　51,52,59,62,78
西陣　72
日常空間　105,151
日常性　138-140,167
日本型リゾート　4
日本政府観光局（JNTO）　3

農業革命　11
農村歌舞伎　116
農村風景　79,80
乗合バス　155

【ハ　行】
パーク&ライド　63
バキューム効果　52,53
萩原朔太郎　142,147
花街　163,
バブル経済　2,3,20,60
パラダイム　93
バリアフリー　96
美瑛町　17,33
美観地区　107,108,119
ビジター産業　137,144
ビジット・ジャパン・キャンペーン　2,3,56
非日常空間　21,43,105
非日常行動　43
非日常性　138,139,147,167
非日常的　30
非日常的生活空間　18
評価システム　133,134
伏見　72
ふれあい空間　163
フロー　132
文化　130
文化・芸術創造空間　42
文化首都　100
文化政策　127
文化創造のできるまち　95
文化的中枢管理機能　100
文化投資　127
分都市　8
文明　130
平安京　97

並行在来線　59
閉鎖型階層ネットワーク　20
平成の大合併　9,80
別荘地　33,75,79,81,84,85
貿易外収支　1,2
訪日外国人数　1
ボーダレス　24,132
ボーダレス化　20,21,49,54
北陸新幹線　51,52,59,62,78
ホスピタリティ　19
保養都市　5
本末寺制度　100

【マ　行】
町衆　10,32,35,39,40,130,142,170
まちづくり会社　32
まちづくり思想　40
まちづくり哲学　133
まちなかキャンパス　144,145
万座温泉　75,81
マンション建設問題　73
水上温泉街　69
水上温泉郷　61
みなかみコレクション　172
みなかみ町　67
室町　72
メディカル・ツーリズム　138,144,147,150,151
モザイク構造　105
モザイク都市　106,138
ものづくり　14,102
問題解決能力　28
問題発見能力　28

【ヤ　行】
湯沢町　73,84

ユニバーサル・スタジオ・ジャパン　49
余暇活動　18

【ラ　行】

ライフスタイル　113
洛外　97
洛中　97
理想的な地域像　28
リゾート開発　3
リゾート地　73,74
リゾート法　3
リゾートマンション　74
リトル東京　91

リピーター　37
利便性　157
リンケージ　96
歴史的核　107,108,110,157
歴史的慣性　71,72
歴史的建築物　35
歴史的資源　6,157
歴史的重層性　99
歴史都市　73,101
連続性　99,104

【ワ　行】

ワークショップ　88

著者略歴

戸所　隆（とどころ　たかし）

1948年　群馬県に生まれる
1974年　立命館大学大学院地理学専攻修士課程修了
1974年　立命館大学文学部地理学科助手
1978年　同　　助教授
1989年　同　　教授
1996年　高崎経済大学地域政策学部教授
2014年　高崎経済大学名誉教授
文学博士　専門地域調査士
主　著　『都市空間の立体化』（古今書院，第10回日本都市学会賞受賞）
　　　　『商業近代化と都市』（古今書院）
　　　　『地域政策学入門』（古今書院）
　　　　『地域主権への市町村合併』（古今書院）
　　　　『観光集落の再生と創生』（海青社，本書と共に日本地理学会賞受賞）
　　　　『歩いて暮らせるコンパクトなまちづくり』（古今書院）

書　名	地域づくり叢書1 日常空間を活かした観光まちづくり
コード	ISBN 978-4-7722-5246-1　C3336
発行日	2010年4月3日　初版第1刷発行 2017年6月7日　初版第2刷発行
著　者	戸所　隆 Copyright ©2010 TODOKORO Takashi
発行者	株式会社古今書院　橋本寿資
印刷所	理想社
発行所	古今書院 〒101-0062　東京都千代田区神田駿河台2-10
電　話	03-3291-2757
ＦＡＸ	03-3233-0303
ＵＲＬ	http://www.kokon.co.jp/

検印省略・Printed in Japan

いろんな本をご覧ください
古今書院のホームページ

http://www.kokon.co.jp/

- ★ 800点以上の**新刊・既刊書**の内容・目次を写真入りでくわしく紹介
- ★ 地球科学やGIS，教育など**ジャンル別**のおすすめ本をリストアップ
- ★ **月刊『地理』**最新号・バックナンバーの特集概要と目次を掲載
- ★ 書名・著者・目次・内容紹介などあらゆる語句に対応した**検索機能**

古 今 書 院
〒101-0062　東京都千代田区神田駿河台 2-10
TEL 03-3291-2757　　FAX 03-3233-0303

☆メールでのご注文は order@kokon.co.jp へ